2022年度教育部重点课题：“以文化人：大学红色文化育人体系研究”（DIA220371）的阶段性研究成果

家庭励志教育研究

JIATING LIZHI JIAOYU YANJIU

白 玲 史仁民 徐德全 著

哈爾濱工業大學出版社
HITP HARBIN INSTITUTE OF TECHNOLOGY PRESS

内容简介

随着社会的进步和基础教育的发展，家庭教育受到越来越多的重视，教育引导子女树立高远志向已经成为众多家庭的重点关切。本书明确提出了家庭教育以立德树人为根本任务，从家庭励志教育入手，按照理论、方法、实践应用的逻辑顺序展开研究。首先梳理了我国家庭励志教育的演进过程，从认识志向、确立目标、规划行动及坚持行动四个层面探讨新家庭励志教育模式，构建了家庭励志教育“知一立一行一韧”科学体系，进一步分析了环境与能量、兴趣与强项、习惯与素养、赏识与激励几个要素，深入研究励志教育家庭支持系统的行动逻辑。

本书适合基础教育研究者、中小学教师、教育管理者以及家庭教育指导者阅读。

图书在版编目(CIP)数据

家庭励志教育研究/白玲，史仁民，徐德全著. —
哈尔滨：哈尔滨工业大学出版社，2023.2(2024.3 重印)
ISBN 978-7-5767-0867-7

Ⅰ.①家… Ⅱ.①白…②史…③徐… Ⅲ.①家庭教育—研究 Ⅳ.①G78

中国国家版本馆 CIP 数据核字(2023)第 106759 号

策划编辑 刘 瑶
责任编辑 刘 瑶
出版发行 哈尔滨工业大学出版社
社 址 哈尔滨市南岗区复华四道街 10 号 邮编 150006
传 真 0451-86414749
网 址 http://hitpress.hit.edu.cn
印 刷 黑龙江艺德印刷有限责任公司
开 本 787 毫米×960 毫米 1/16 印张 9.5 字数 165 千字
版 次 2023 年 2 月第 1 版 2024 年 3 月第 2 次印刷
书 号 ISBN 978-7-5767-0867-7
定 价 78.00 元

前　言

“少年强则国强”，励志教育不仅关系到孩子的自身成长，也关系到每个家庭的建设，更关系到国家的未来和民族的希望。2015 年，在会见第七次全国少代会代表时，习近平总书记寄语全国各族少年儿童从小学习做人，从小学习立志，从小学习创造，“一个人可以有很多志向，但人生最重要的志向应该同祖国和人民联系在一起，这是人们各种具体志向的底盘，也是人生的脊梁”。2018 年 9 月，习近平总书记在全国教育大会上提出六个“下功夫”，在“要在培养奋斗精神上下功夫”部分，习近平总书记进一步指出“教育引导学生树立高远志向，历练敢于担当、不懈奋斗的精神，具有勇于奋斗的精神状态、乐观向上的人生态度，做到刚健有为、自强不息”。理想指引人生方向，没有理想信念，就会导致精神“缺钙”。家庭教育对青少年理想信念的确立与实现起到基础性、奠基性和方向性的作用，是青少年励志教育的绝对重要力量。党和国家事业快速发展为家庭励志教育提供了发展机遇，也对家庭励志教育发展提出了更高要求。

伴随着经济社会快速发展和时代的进步，家庭励志教育的发展还存在许多不相适应的地方。当前，家庭励志教育普遍缺乏科学体系和系统的指导，存在励志教育理念淡化、励志教育内容异化、励志教育方法简单化的问题，这些问题或多或少地困扰着家长和家庭教育工作者。本书按照理论、方法、实践应用的逻辑顺序展开，首先梳理了我国家庭励志教育的演进过程，探索构建家庭励志教育“知一立一行一韧”科学体系，通过认知志向、确立目标、规划行动、坚持行动四个模块对家庭励志教育进行深入的剖析和解读，并从实践与应用层面进一步分析了环境与能量、兴趣与强项、习惯与素养、赏识与激励四个要素，深入研究了励志教育家庭支持系统的行动逻辑，以期给广大基础教育工作者和研究者、家庭教育指导者以及广大家长朋友一些有益的启示。

需要说明的是,本书的三位作者分别在基础教育学校从事青少年励志教育校本课程研发与讲授并在高等院校教育学院从事教育研究与实践工作。亲身的工作经历使他们对青少年励志过程和家庭励志教育进行更直接的观察和研究,本书正是三位作者在多年研究成果的基础上凝练而成。

受作者能力所限,书中难免存在不足之处,恳请读者谅解并指出,我们一定虚心改正,这对我们未来的研究非常有帮助。

作　者

2023 年 1 月

目　　录

第一篇　理论篇:家庭教育视野下的励志教育

第一章　家庭教育中的励志教育 …… 3

一、中国家庭教育的演进 …… 3

（一）家庭教育的产生 …… 3

（二）中国古代家庭教育的内容 …… 4

（三）中国古代家庭教育的形式 …… 7

（四）中国现代家庭教育的特点 …… 9

（五）中国现代家庭教育呈现的趋势 …… 11

二、家庭教育中的励志教育 …… 13

（一）古代家庭教育中的励志教育 …… 13

（二）现代家庭教育中的励志教育误区 …… 16

（三）励志教育失当的原因 …… 19

（四）励志教育失当的影响 …… 19

三、励志教育的内涵与作用 …… 21

（一）励志教育的内涵 …… 21

（二）励志教育的作用 …… 21

第二篇　方法篇:家庭励志教育科学体系——“知—立—行—韧”

第二章　认识志向 …… 27

一、认识志向 …… 27

（一）价值观层面 …… 27

（二）人生观层面 …… 29

（三）职业观层面 …… 30

二、认识成功 …… 31
(一)成功的三个层次 …… 32
(二)成功的标准不同 …… 33
(三)通往成功的道路 …… 33
三、认识自我 …… 33
(一)认识自己,客观评价 …… 33
(二)建立自信,自我发展 …… 34
(三)自我激励,超越自我 …… 35
第三章 确立目标 …… 36
一、确立目标的意义与原则 …… 36
(一)确立目标的意义 …… 36
(二)确立目标的原则 …… 37
二、确立目标 …… 38
(一)确立目标高度 …… 38
(二)确立人生使命 …… 39
(三)确立职业方向 …… 40
三、分解与完善目标 …… 41
(一)榜样引领 …… 41
(二)分解目标 …… 42
(三)完善目标 …… 42
第四章 规划行动 …… 44
一、立即行动 …… 44
(一)制订计划 …… 44
(二)拒绝拖延 …… 44
(三)克服恐惧 …… 45
(四)时间管理 …… 46
二、动力来源 …… 47
(一)自我激励 …… 47
(二)意志力培养 …… 48
(三)行动力提升 …… 49

三、行动原则 …… 50
(一)全力以赴 …… 50
(二)注重效率 …… 50
(三)调整修正 …… 51
第五章 坚持行动 …… 52
一、坚持行动的思想准备 …… 52
(一)明确态度 …… 52
(二)审视目标和反思行动 …… 53
(三)了解行动的周期规律 …… 53
二、坚持行动的心理能量 …… 54
(一)建立成就感 …… 54
(二)提升自我效能感 …… 54
(三)体验愉悦感 …… 54
三、坚持行动的方法准备 …… 56
(一)行动的可视化管理 …… 56
(二)建立良好的习惯 …… 57
(三)寻求支持 …… 57
第三篇 实践与应用篇:励志教育的家庭支持系统
第六章 环境与能量 …… 61
一、家庭环境与氛围 …… 61
(一)营造良好家风 …… 61
(二)设立家庭目标 …… 62
(三)创造家居环境 …… 63
(四)创设励志环境 …… 64
二、家庭能量与行为 …… 65
(一)成为积极的家庭成员 …… 65
(二)从积极视角看待问题 …… 68
(三)进行有效的家庭沟通 …… 69
(四)选择良好的外部环境 …… 70

三、家庭励志教育的实施 …… 71
(一)家庭励志教育的五个阶段 …… 71
(二)家庭励志教育的六个步骤 …… 73
(三)家庭励志教育的要求 …… 75
第七章 兴趣与强项 …… 77
一、兴趣的发现与培养 …… 77
(一)兴趣激发个体能量 …… 77
(二)兴趣的发现与培养 …… 78
(三)发展兴趣:兴趣一志趣一志向 …… 79
二、从兴趣到强项 …… 81
(一)强项的三个因素 …… 81
(二)认识与培养强项 …… 82
(三)坚持和发挥强项 …… 83
三、避免几个误区 …… 84
(一)培训不可盲目跟风 …… 84
(二)过程不可急功近利 …… 85
(三)初衷不可本末倒置 …… 86
第八章 习惯与素养 …… 87
一、家庭励志教育视角下的习惯养成 …… 87
(一)阅读习惯:与励志过程同向 …… 87
(二)运动习惯:为励志提供动能 …… 89
(三)生活习惯:践行励志的保障 …… 91
(四)劳动习惯:励志的价值召唤 …… 93
二、家庭励志教育视角下的素养提升 …… 94
(一)思考力 …… 95
(二)沟通力 …… 96
(三)自律性 …… 98
(四)责任感 …… 100
第九章 赏识与激励 …… 102
一、家庭励志教育视角下的赏识 …… 102

(一)励志教育需要赏识方法 …… 102
(二)如何运用赏识方法 …… 103
(三)运用赏识的几点注意 …… 105
二、家庭励志教育视角下的激励 …… 106
(一)励志教育需要激励方法 …… 106
(二)如何运用激励方法 …… 107
附录一　职业兴趣测试表 …… 109
附录二　时间管理倾向量表 …… 114
附录三　父母权威问卷(修订版) …… 117
附录四　中国 8～12 岁学龄前儿童气质问卷(CSTS) …… 120
附录五　多元智能检测表 …… 125
参考文献 …… 131

第一篇　理论篇：家庭教育视野下的励志教育

中国传统的教育思想蕴含着丰富的励志教育元素，“立志”一直是儒家关于道德修养的重要观念，受儒家文化的影响，中国古人很早就重视家庭中的励志教育，在目标上注重志存高远，在内容上与家国天下并重，在方法上强调意志力的重要作用。在现代社会，励志和励志教育在一个人的成长过程中仍然发挥着十分重要的作用，家庭励志教育也是不可或缺的。本篇在梳理中国家庭教育演进过程的基础上，总结中国古代家庭教育中励志教育的理念和特点，通过分析现代家庭教育中励志教育所进入的误区，提出现代家庭励志教育的内涵和作用。

第一章　家庭教育中的励志教育

一、中国家庭教育的演进

中国历来重视教育，家庭教育也相对较发达，中国悠久的历史文化传统深深影响着家庭教育，很多优良的传统也通过家庭教育得以传承和延续。中国古代家庭教育独特的内容和形式，对现代家庭教育也有启示和借鉴之处。

（一）家庭教育的产生

中国古代家庭教育可以追溯到夏、商、西周，当时的帝王家庭就安排专门的官员从事家庭教育。据贾谊的《新书·保傅》记载，帝王家庭安排“保”“傅”“师”这样专门的官职，由专门的男性教师来进行家庭教育，主要负责对太子、世子进行知识的教育、品德方面的教导以及身体技能方面的训练。相应地也安排专门的女子负责太子、世子的保育和生活，通常为三位，与“保”“傅”“师”相对应，三位女子承担了太子、世子母亲的部分工作，主要在太子、世子的行为规范、衣食供给以及生活起居方面进行照顾和指导。帝王家庭的这种教育安排影响着贵族家庭，教育规格等逐级下降，士大夫以上的家庭对教养孩子在妻妾之间也有分工和安排。

平民百姓的家庭教育在内容和形式上主要是跟父亲和兄长学习一定的技能，可以“子承父业”，在《管子·小匡》中有“农之子常为农”“工之子常为工”等类似的记述，反映了古代社会中百姓家庭教育的形式和功能。

值得一提的是，当时的家庭教育比较注重儿童成长发育的规律，教育内容根据年龄各有不同，逐渐丰富，有一定的合理性。《礼记》中有记载，孩子在会吃东西的时候，就教他用右手进食；会说话的时候，教他语音、语调和穿衣；6 岁教数数和识别方向；七八岁教进食和进出门的规矩；9 岁教日期；到了 10 岁，孩子就外出学习了。

从公元前475开始，中国进入封建社会。在“齐家、治国、平天下”的理念之下，家庭作为社会生产和生活的最小单元，承担着建立家庭秩序以及通过家庭成员对秩序的遵从来调节家庭关系进而实现社会稳定的功能。国家也善于通过协调家庭关系来实现维护社会秩序的目的。通过自上而下推行的教化，将社会价值观通过家庭教育进行有效的传播。

(二)中国古代家庭教育的内容

中国古代家庭教育在整个社会教育体系中占有非常重要的地位，内容也相当广泛，形成了完备的教育体系，归纳起来，家庭教育主要集中在三个方面：以道德规范为主的家庭德育；以教授诗书文为主的文化教育；以传授技能和劳动精神为主的劳动教育。

1. 以道德规范为主的家庭德育

儒家思想是中国封建社会的精神支柱，道德教育在封建社会处于核心地位。家庭是伦理道德教育的根基，家庭成员的行为和命运往往影响着一个家庭乃至家族的命运，因此在家庭教育中非常重视教导儿童遵守封建礼教的伦理道德和日常行为规范。

(1)人伦礼仪

教导家庭成员特别是子孙后辈要遵从家庭伦理道德规范，维护家庭和睦是古代家庭德育的一个重要方面。南宋时期理学家、教育家朱熹认为“三纲五常”是维系社会秩序的基础，应该成为每个家庭教育子女要恪守的准则。教导子女对国家遵守“忠心”之道，对父母遵守“尽孝”之道，女子遵守“女德本分”之道。同时，他认为兄弟姐妹之间也要遵守相处之道。作为兄长，应关爱弟妹，身为弟妹则应尊敬兄长。他认为“五常”即“仁、义、礼、智、信”，应贯穿于家庭伦理施行的全过程。这种家庭伦理教育使儿童从小就自觉树立起“君君、臣臣、父父、子子”的伦理观念，谨守为人处世的中庸之道。中国古代文学家、教育家颜之推提倡“父子之严，不可以狎；骨肉之爱，不可以简”。认为父子之间应该保持严肃庄重，不能过分亲近；骨肉之间可以互相关心，但是不能过于随便。他认为“兄友弟恭”是兄弟相处之道，对待兄长要像对待父亲一样恭敬，兄友与弟恭是相互的。他在《颜氏家训·兄弟》篇中指出：“兄弟者，分形连气之人也。方其幼也，父母左提右挈，前襟后裾，食则同案，衣则传服，学则连业，游则共方，虽有悖乱之人，不能不相爱也。”

与此同时，礼仪和行为规范教育在我国古代家庭教育中也占有重要地位。《礼记·曲礼》中有“将入户，视必下”的记述，教导儿童在长辈召见的时候，不能慢走也不能快跑，应当快步前往，进屋时视线放低，不可四周张望。《礼记·内则》中也有“出入门户及即席饮食，必后长者，始教之让”，教导儿童出入门户、进食时，要谦让，不得抢行、先行。“在父母舅姑之所，有命之，应唯，敬对。”教导女子对父母公婆这些长辈，要有礼貌，注意说话的语气和态度。

朱熹在《童蒙须知》中对儿童的生活起居、学习习惯、道德行为以及礼节礼数等方面也都做了规定。衣服冠履方面要求“大抵为人，先要身体端整”。言语步趋方面要求“凡为人子弟，须是常低声下气，语言详缓，不可高言喧闹，浮言戏笑”“父兄长上有所教督，但当低首听受，不可妄大议论”“若父母长上有所唤召，却当疾走而前，不可舒缓”。洒扫涓洁方面要求“凡为人子弟，当洒扫居处之地，拂试几案，当令洁净”。读书写文字要求“凡读书，须整顿几案。令洁净端正”。杂细事宜也有要求，如“凡饮食于长上之前，必轻嚼缓咽，不可闻饮食之声。凡饮食之物，勿争较多少美恶。凡侍长者之侧，必正立拱手。有所问，则必诚实对。言不可忘”。

(2)品性道德

三国时期政治家诸葛亮提倡德、才并重，告诫儿子“夫君子之行，静以修身，俭以养德，非淡泊无以明志，非宁静无以致远”。朱熹在《朱子家训》中有言：“有德者，年虽下于我，我必尊之；不肖者，年虽高于我，我必远之。”他是在告诫子孙远离品行不端之人以免沾染坏的习气。南宋诗人陆游教导子孙重视节操、重视道德修养、继承家风，他明确提出家庭兴旺的根本标准不是富贵而是德。他说：“吾所谓兴者，天地鬼神与之，乡人慕之，学者尊之，是为兴。不然，虽门列戟，床堆笏，德弗称焉，何兴之有？”这也是他的家教指导思想，并贯穿于他的整个教子过程中。由此可见，中国古代家庭教育在为人处世、品性道德方面，主要教育子女孝顺勤劳、谦虚诚信、谨言慎行等。

2.以教授诗书文为主的文化教育

中国古代，不少文人大家都受教于家庭。琅邪王氏是书法世家，王羲之的父亲王旷善书法，王敦、王导同样也以书法闻名，王羲之从小接受长辈书法家的教育，终成书法大家。王献之更是深得父亲王羲之的亲传，自幼随父亲学习书法，最终取得比肩父亲的成就。元稹八岁丧父，他的母亲亲自教他读书。《新唐书·元稹传》中称："稹幼孤，母郑贤而文，亲授书传。九岁工属文，十五擢明经，判入等，补校书郎。"苏轼的母亲程氏在苏洵努力读书、进京赶考及出外游学期间，不仅兼主内外，而且亲自教育苏轼和苏辙兄弟。苏辙说他的母亲"生而志节不群，好读书，通古今，知其治乱得失之故"，又在苏东坡的墓志铭中记述了母亲读《后汉书·范滂传》的情形："太夫人尝读《东汉史》，至《范滂传》，慨然太息。公（苏轼）侍侧，曰：'轼若为滂，夫人亦许之否乎？'太夫人曰：'汝能为滂，吾顾不能为滂母耶？'公亦奋厉有当世志。太夫人喜曰：'吾有子矣。'"欧阳修四岁时父亲就去世了，家境贫穷，他的母亲用芦苇秆教他写字，教他诵读诗书。"自幼所作诗赋文字，下笔已如成人。"《宋史·贾黄中传》中记载了贾黄中的父亲严格教子读书的故事，"黄中幼聪悟，方五岁，玭每旦令正立，展书卷比之，谓之等身书，课其诵读"。他父亲规定他每天要读一定数量的书籍，办法是将要读的文章篇幅展开，用它来量黄中的身高。这些历史上有成就的名人在家庭中所受的教育，从某种意义上来说，超越了学校教育。

3. 以传授技能和劳动精神为主的劳动教育

在古代社会，谋生的技能往往是通过家庭传授的。生产力十分低下的小农经济社会里，需要大量的劳动力，劳动是谋生的唯一手段，所以家庭中很早就注重对孩子们进行劳动教育。比如农民家庭要把耕作等农业劳动技能传给下一代，手工业家庭要把本行业的技艺手艺传给下一代，经商家庭要把一些行业规则和技巧传授给下一代。对女子的教育主要集中在家务劳动和手工业技能的训练。等女子长大，"女子十年不出，姆教婉娩听从，执麻枲，治丝茧，织纴组紃，学女事以共衣服，观于祭祀，纳酒浆笾豆菹醢，礼相助奠。十有五年而笄，二十而嫁，有故，二十三年而嫁"。10 岁左右的女孩便开始家庭劳动技能的教育，早在十几岁时便已学会作为妇人的生活技能了。

中国古代诗歌、蒙学读物中有很多关于劳动教育的内容。比如《三字经》有"稻粱菽，麦黍稷。此六谷，人所食"；《弟子规》有"房室清，墙壁净。几案洁，笔砚正"；《千字文》有"治本于农，务兹稼穑。俶载南亩，我艺黍稷"。中国古代传统家风家训中也蕴含着丰富的劳动精神与劳动教育思想。颜之推在《颜氏家训·涉务篇》中告诫子孙："耕种之，茠锄之，刈获之，载积之，打拂之，簸扬之，凡几涉手，而入仓廪，安可轻农事而贵末业哉？"他勉励自己的儿孙要接触生产劳动，做于国于民有用的人，不能轻视普通劳动者。清代中兴名臣曾国藩就特别重视劳动教育，"稼穑之泽视诗书、礼让之泽，尤为可大可久”。他在教育子孙时指出“早扫考宝书蔬鱼猪”八字是曾家治家要义，强调家中无论老少男妇，“总以勤劳为第一义，谦谨为第二义。劳则不佚，谦则不傲，万善皆从此生矣”。他以切身的体验劝勉曾家后辈子女“除读书外，教之扫屋，抹桌凳、收粪、锄草，是极好之事，切不可以为有损架子而不为也”。黄佐在《泰泉乡礼》中强调“施教以六行、六事、六艺而日敬敷之”，其中六事指“一曰洒，二曰扫，三曰应，四曰对，五曰进，六曰退”。意思是要在家庭日常生活中培养子弟的劳动习惯。汤显祖作诗《望耆儿》：“雨过杏花寒食节，秣陵春色也依然。闲游不是儿家业，大好归来学种田。”诗中教导儿子，年轻人不可闲游、虚度时光，应该及早返回故乡“学种田”，重视农桑，参加劳动，这样才是正道，才能有助于自己的成长。

(三)中国古代家庭教育的形式

中国古代家庭教育主要有诫子书、环境熏陶和言传身教三种形式。

1. 诫子书

除了在生活中教导子孙后辈之外，家庭中德高望重的长辈也将自己的教育思想写成给子女的教育材料，以文字的形式呈现和流传。诫子书是中华传统文化在家庭教育中的体现，是一个家风传承的重要载体。诫子书包含多种文本形式，既包括对后辈具体行为的日常口头训诫，也包括具有一定约束力的家训家规等文本，比如家书、诗歌、格言、示儿书等。

我国历史上最早以诗训子的教育材料可以追溯到西汉时期，文学家东方朔写的《诫子诗》。三国时期诸葛亮在临终前写给他儿子诸葛瞻的家书《诫子书》中阐述了修身养性、治学做人的深刻道理，成为后世历代学子修身立志的名篇。

颜之推的传世著作《颜氏家训》第一次提出家训的概念，是我国最早的系统完整的家庭教育专著。全书共七卷，涵盖了从饮食起居、修身养性到为人处世、求仕致学等方面的内容，留下了许多可供后世借鉴的至理名言。

宋代著名诗人陆游在诗歌中将一生的生活经验进行总结，对子孙后辈进行嘱咐和教诲，在现存的 9 000 多首陆游诗作中，涉及训子和教子内容的就有 200 首之多。陆游著有《放翁家训》，这是陆游根据个人的真实经历及一生感悟专门写给子孙的家诫家训，在对子孙后代的教育上具有独特的道德引领作用，在宋代家书家训当中有一定的历史地位。他告诫子孙后人一定传承清白廉洁的家风，“切须常加简束，令熟读经学，训以宽厚恭谨，勿令与浮薄者游处”。

在我国古代影响颇大的蒙学读物《三字经》中也列举了几十个勤学、劝学的故事，如“头悬梁，锥刺股，彼不教，自勤苦。如囊萤，如映雪，家虽贫，学不辍。苏老泉，二十七，始发奋，读书籍。彼既老，犹悔迟，尔小生，宜早思”。这些故事意在通过历史上的名人事迹鼓励孩子刻苦学习。

2.环境熏陶

中国古代家庭教育中已经认识到环境对人不可忽视的教化作用，很重视环境对孩子的影响。历史上有一个著名的故事“孟母三迁”，孟子的母亲为了给孟子提供一个好的环境，搬了三次家，为了教育逃学的孟子，割断了织布机上的布。孟母教子的影响特别深远，早在西汉时期韩婴的《韩诗外传》中，就用有关孟母的故事来解释诗义。《三字经》中对孟母教子的故事也有记述，“昔孟母，择邻处，子不学，断机杼”。孟母三迁的故事是中国古代家庭重视环境选择的典范，孟子的成才使得“孟母三迁”的故事家喻户晓，流传甚广，也引发了后世诸多母亲的效仿。据记载，北宋末年处士郑某之妻黄氏，考虑到所住之地偏远，让孩子外出拜师求学十分不便，于是直接在郡学附近安顿下来，所谓“亟斥卖奁具，得舍数椽，直郡庠之左”。浙江诸暨的俞择之妻王氏，为让孙子俞方直接跟从学者陆佃(陆游的祖父)读书，便在陆佃住所的旁边“买邻以居”，还对俞方说：“是其谏议阴德之后，克绍其门者，又尝问道真儒，盍往归焉。”

家庭生活环境对一个人性格形成乃至一生的成长成才起着十分重要的作用。墨子就认为环境如同染缸，儿童“染于苍则苍，染于黄则黄”，南北朝时期颜之推也曾指出：“是以与善人居，如入芝兰之室，久而自芳也；与恶人居，如入鲍鱼之肆，久而自臭也。”提倡家长应该为子女选择良师益友，不要因择友不慎而使子女误入歧途。苏轼的祖父是眉山的名人，为人慷慨大方，他的生活方式、言谈举止、志趣理想，都给苏轼极大的影响。苏轼的父亲苏洵也是大文学家，母亲程氏出身书香门第，两人在眉山当地都出身大族，同是进士，非常重视教育。由此可见，家庭良好的文化氛围不断在潜移默化中熏陶着苏轼，苏轼及兄弟苏辙的旷世奇才和成就无不与家庭环境的熏陶有着必然的联系。

3.言传身教

《韩非子·外储说左上》中记载了“曾子杀猪”的故事。曾子的妻子哄孩子说从集市回来给孩子杀猪吃肉，之后便把这件事忘了，曾子却真的把家里的猪杀了，妻子责怪他把哄孩子的话当真。曾子却说，父母就是孩子生活中的榜样，在孩子面前言而无信，就是在教孩子欺骗别人。“婴儿非与戏也。婴儿非有知也，待父母而学者也，听父母之教，今子欺之，是教子欺也。母欺子，子而不信其母，非所以成教也！”

苏轼非常重视言传身教，“教子求实”的故事就是一个很好的佐证。苏轼父子俩偶然谈到了鄱阳湖畔石钟山的名称由来，苏迈从《水经注》等古书中找出许多说法，苏轼都觉得依据不足，于是带儿子到湖口实地考察，并借助这件事，谆谆告诫儿子苏迈“事不目见耳闻，而臆断其有无”是不行的。此事本不难明白，只需实地考察就行了，由于一般人不肯去下这功夫，宁愿到书本里去寻找答案，而浅薄的人又往往附会一些莫名其妙的东西来解释，最终以讹传讹，使本来就很容易明白的事不能明白，有的一讹千百年。为让儿子更深刻地理解“求实”的重要性，苏轼又提笔撰文，这就是苏轼笔下的名篇《石钟山记》。

曾国藩重视家庭中长辈对晚辈的示范引导作用，曾说：“吾与诸弟惟思以身垂范而教子侄，不在诲言之谆谆也。”建议兄弟和自己要用自身做榜样来教育子侄，以身垂范就是对晚辈最好的教育，而不在于说了多少教诲的话语。如果单凭言语说教，效果绝不会佳，久之势必让子侄产生厌恶和逆反心理。

家风是一个家庭世代逐步形成的较为稳定的生活方式、思想意识和行为习惯等方面的传统。良好的家风是通过家庭祖辈、父母的身体力行、言传身教，子孙们代代相传，得以沿袭下来的。

（四）中国现代家庭教育的特点

中国传统思想历来重视家庭教育，中国自古以来就有“养不教，父之过，教不严，师之惰”的俗语。特别是现代社会，随着科学技术的迅速发展和社会生活的巨大变化，人们的观念也在与时俱进。一方面，时代的发展对儿童的成长提出了更高的要求。随着人才的竞争越来越激烈，家庭也更加重视教育，在培养孩子成才上投入更多精力。另一方面，社会更加需要科学的家庭教育方式适应时代的发展，家长在家庭教育中也需要有科学的指导。

中国现代家庭教育有一些不足之处：

1.家庭教育内容以文化知识为主

当今社会家长普遍接受过较好的教育，都十分重视孩子的学习，家庭教育也多是以文化知识为主。一种形式是作为学校教育的补充，或通过父母自己辅导作业，或借其他方式对孩子进行各科学习的辅导；一种形式是超前学习，想让孩子"赢在起跑线"以及不能让孩子"输在起跑线"这样的思维存在，导致家庭教育焦虑甚至整个社会的家庭教育"内卷"。当然，越来越多的家庭依据孩子的兴趣爱好对孩子进行艺术和体育方面特长的培养，然而如果不选择走专业道路，大多数家庭对于孩子艺术和体育素养的培育在进入中学之前就停止了，因为随着年龄的增长，学业的压力越来越重，家庭教育的重心最终还是回归到了文化知识上。

2. 家庭教育目标偏向功利主义

朱永新认为最好的教育就是帮助人不断成长，不断超越自己，帮助人更幸福地活着，这是家庭教育的目的。然而，当前家庭教育在教育目标上出现了功利化的倾向。每年高考后，很多高三学生在填志愿的时候去寻求帮助和专业咨询，一个原因是不知道自己想学什么专业，另一个原因是觉得父母很功利，根本不想听他们的真实想法。也有媒体报道过某地曾被港大录取的高考状元休学选择复读再考北大，以及北大学生休学选择技工学校的新闻，起因都是由父母代替选择学校和专业，而自己因不感兴趣无法坚持下去，这反映了家庭教育在教育目标上的错位。一方面，在孩子的成长过程中父母没有关注到孩子的判断力和选择能力，教育目标并不是孩子的内心成长，而被功利化的目标所取代；另一方面，家庭教育中很多家长代替孩子做决定，认为家长基于个人的社会经验和经历帮孩子规划的道路都是正确的，都是最有"效率"的，这种所谓的"效率"就是功利主义的体现。

3. 家庭教育方式缺乏科学指导

家庭教育方式缺乏科学指导，体现在家庭教育的缺位现象与越位现象并存。家庭教育的缺位现象指的是很多家庭都没有接受过专业的家庭教育指导，一些家长缺乏科学的家庭教育观念与责任意识。对学校教育与家庭教育的关系认识不足，缺乏家长作为孩子第一任老师的观念，这种家庭教育缺位现象在留守儿童和一些特殊家庭中比较突出。家庭教育的越位现象指的是一些家庭教育尤其是大中城市的家庭把家庭教育当成学校教育的延伸，过度重视学业成绩，过多参与孩子的学校学习内容，而忽略了对孩子学习习惯、学习能力、自主能力的培养。而这种缺位与越位现象没有得到及时纠正，也在于家长在家庭教育中没有得到及时有效的指导，遇到教育问题也没有去寻求帮助。而事实上，学校教育对家庭教育的指导效果也不甚理想。调研显示，有 30.2％的班主任认为自身专业能力“完全不能满足”或“不太能满足”开展家庭教育指导服务工作的需求，能解决和完全能解决家长家庭教育中存在问题的比例之和仅为 26.4％。①

（五）中国现代家庭教育呈现的趋势

1. 家庭教育与学校教育、社会教育协同发展

国家近年来印发了家庭教育相关指导文件以及从家庭教育立法角度给予家庭教育高度重视。比如，2015 年教育部印发了《关于加强家庭教育工作的指导意见》，指出加强家庭教育工作首先要明确家长在家庭教育中的主体责任。倡导广大家长要依法履行家庭教育职责，不断提升家庭教育水平。同时指导各地积极发挥家庭教育在少年儿童成长过程中的重要作用，为每一个孩子打造健康和谐、有利于全面发展的家庭环境。2019 年全国妇联、教育部等九部门修订了《全国家庭教育指导大纲》，旨在通过实施科学的家庭教育指导，推进家庭教育在培养德智体美劳全面发展的社会主义建设者和接班人中发挥重要基础作用。该大纲增加了家庭道德教育相关内容，根据时代特征增加了父辈、祖辈联合教养指导，多子女养育及互联网时代的家庭媒介教育等内容。2021 年国务院印发了《中国儿童发展纲要（2021—2030 年）》，保障儿童享有更加和谐友好的家庭和社会环境。面对家庭结构变化、社会发展转型、人口生育政策调整以及人民群众对美好生活的新期待等，家庭教育发展还存在许多不相适应的地方，为进一步指导推进家庭教育高质量发展，落实立德树人根本任务，全国妇联、教育部等 11 部门制定了《关于指导推进家庭教育的五年规划（2021—2025 年）》。2022 年 1 月 1 日起正式施行的《中华人民共和国家庭教育促进法》，是我国首次就家庭教育进行专门立法。法律明确规定，未成年人的父母或者其他监护人负责实施家庭教育，国家和社会为家庭教育提供指导、支持和服务。

2021 年 7 月，中共中央办公厅、国务院办公厅印发《关于进一步减轻义务教育阶段学生作业负担和校外培训负担的意见》。“双减”政策不仅是对我国教育格局的重大调整，更是教育观念的大变革，“双减”政策的实施，将为家庭教育留出更多

① 转引自《民进中央：借立法契机，完善家校社协同育人机制》，《人民政协报》，2022 年 3 月 23 日第 10 版。

时间和空间，保障孩子能够广泛参与家庭与社会生活，为家庭缓解教育焦虑的同时也为家庭教育发挥作用指明了方向。

国家倡导家庭教育和与学校教育、社会教育有机融合和协同发展。未来的家庭教育将是全面发展的教育，会与学校教育相互配合、相互渗透，同时也与社会息息相关，与社会实践相结合。学校、社会力量帮助父母提高教育水平，形成学校、家庭、社会相结合的协同发展模式，使家庭教育的功能及终身影响得到强化。一方面，学校应该提升教师的家庭教育指导能力，通过多种形式帮助家长形成正确家庭教育观念、指导家长学习科学教育方法，提高家长的家庭教育水平；另一方面，社会力量要发挥应有的功能，加强家庭教育的宣传，在普及家庭教育知识和教育观念上承担更多的责任，让科学实施家庭教育成为一种社会风尚。家庭、学校和社会要在教育理念与教育方式等方面实现协同互补，三方形成合力。家庭教育、学校教育、社会教育相互融合，已经成为时代发展的趋势。

2.家长素质提升，家庭教育观念正在转变

当今社会，家长普遍接受过较好的教育，家庭育人观随着时代的发展也在发生着变化。首先，家庭育人观从注重孩子的智育发展转向孩子的全面发展，包括德育、智育、体育、美育以及劳动教育。家庭是人生的第一所学校，父母是孩子的第一任教师，一个人的性格、习惯、认知都是在童年奠基形成的，家庭教育要承担起更多的责任。要让孩子在良好的家庭氛围中培养健全的人格，形成积极乐观的生活态度；在家庭生活中养成良好的习惯，学会自我管理；在家庭劳动中掌握生活的能力，形成健康的生活方式。其次，对儿童的评价标准也正在从同一个标准、同一种模式向儿童的自我成长进步转变。以往很多家庭用同样的标准来培养孩子，把上名校当作孩子、父母甚至整个家庭教育成功的典范。分数是对学生学业表现的一种评价，然而考试只能够评价人的一部分素质，而不是全面的素质。以分数为唯一标准用同一种模式进行家庭教育，导致大部分人、大部分家庭都是不成功的，这也是当前社会上教育“内卷”的原因。最后，家庭教育的目标从单向度的学业成绩逐步向多维度的人的全面且个性发展转变。越来越多的家长认识到教育的最终目的不是单纯地灌输知识，分数也并不是教育的全部内容，更不是教育的根本目标。孩子的全面发展比一时的成绩提升更重要，孩子的终身自我学习能力比知识内容本身更重要。

3. 家庭教育走向开放

家庭教育从封闭走向开放。现代家庭教育的参与主体主要是家庭成员，家庭生活的私密性使得家庭教育成为一个相对封闭的体系。随着经济社会的发展，家长教养方式与育人理念不断发生变化，在信息与网络技术的推动下，家庭的信息获取更便捷，家庭之间互动的方式更加多元化，家庭活动已经走向开放，在公共活动中有所交叉融合，家庭教育在思想理念、教育内容、教育方法上日益走向开放。家庭教育已从私人领域的家庭事务逐步演变成教育体系中的重要一环，具备社会公共事业属性。

一方面，教育的发展和信息技术的发达，促进了家庭之间的学习与交流，在教育方法和方式上可以互相借鉴；另一方面，随着教育的全球化和现代化发展，家庭教育与学校教育、社会教育在培养目标上更加趋于一致，现代家庭教育的开放性，必然促进思想理念层面与实践方法层面的包容与融合。促进家庭教育在内容方法上适应现代社会发展形式，进而实现家庭教育的科学化、规范化。

二、家庭教育中的励志教育

（一）古代家庭教育中的励志教育

古代传统教育思想认为立志是励志的基础，在明确志向后修炼身心，磨炼意志，最终实现志向。古代传统家庭教育看中“立志”在道德修养中的作用，在德育中尤为注重教育子女立志，在立志目标上追求志存高远，认为只有从小树立高远之志，才能使品德崇高。

1. 古代励志教育的理念

南北朝时期的颜之推认为：“有志向者，遂能磨砺，以就素业；无履立者，自兹堕慢，便为凡人。”三国时的嵇康在《家诫》中认为“人无志，非人也。……若志之所之，则口与心誓，守死不二，耻躬不逮，期于必济。”把立志作为做人的先决条件。

朱熹曾以“但恐志趣卑凡，不能克己从善，则益者不期疏而日远，损者不期近而日亲”告诫儿子严格要求自己，树立高尚的志向，“今人贪道义，要做贵人不要做好人，皆是志不立之病”。他认为当时社会上追名逐利之风之所以日甚一日，都是因为人们不能树立正确的志向。

西晋时期王祥在《训子孙遗令》中说：“夫言行可覆，信之至也；推美引过，德之至也；扬名显亲，孝之志也；兄弟怡怡，宗族欣欣，悌之至也；临财莫过于让。此五者，立身之本，颜子所以为‘命’。”

诸葛亮在《诫子书》中告诫儿子“志当存高远”，既要树立明确的目标志向，也要有为目标立项奋斗的意志力。他也给儿子指明了实现志向的途径，“夫学须静也，才须学也，非学无以广才，非志无以成学”，就是需要脚踏实地地奋斗与努力。

王夫之在《示侄孙生藩》中亦云：“传家一卷书，惟在尔立志。凤九千仞，燕雀独相视。不饮酸臭浆，闲看傍人醉。识字识得真，俗气自远避。人字两撇捺，原与禽字异。潇洒不沾泥，便与天无二。”勉励侄孙树立凌云壮志，努力成为品格高尚的人。

明清时期大学者孙奇逢在《孝有堂家训》中说：“父母于赤子，无一件不是养志。”养志就是说父母要正确引导子女树立远大目标，教导子女不畏艰难努力实现志向。清代左宗棠告诫儿子“读书做人，先要立志”“务期与古来圣贤豪杰小时志气一般”。他教导儿子要立志，学做圣贤，进一步指出“志患不立，尤患不坚”。人只有立志，才能有奋斗目标，才能有信念和动力，去战胜一切困难。

曾国藩的家庭教育思想以立志为重，他认为培养好的孩子六分源于天生，四分源于家教。他在致诸弟的信中说：“惟愿诸弟发奋立志，念念有恒。”教导他们要树立志向，持之以恒。

2. 古代励志教育的特点

第一，认识到立志的重要性——“立志要先”。

“立志”一直是儒家关于道德修养的重要观念，受儒家文化的影响，中国古人很早就重视家庭中的励志教育。

孔子有言“吾十有五而志于学”“三军可夺帅也，匹夫不可夺志”；孟子有言“夫志，气之帅也”；墨子有言“志不强者智不达”；诸葛亮在《诫子书》中告诫儿子“非学无以成才，非志无以成学”；《朱子语类》中记载朱熹有言“为学须先立志。志既立，则学问可次第着力。立志不定，终不济事”，认为立志就是立本，有本就有发展的路径可以走，志向不坚定，最终不会有所成就。又说“立志要如饥渴之于饮食。才有悠悠，便是志不立”，认为立志要明确高尚、勇猛坚决，这样就有坚强的信心，一定能够成功。王阳明进一步认为志向如同生命一样重要，他说：“夫志，气之帅也，人之命也，木之根也，水之源也。源不浚则流息，根不植则木枯，命不续则人死，志不立则气昏。”王阳明在《示弟立志说》中说:“夫学,莫先于立志。志之不立,犹不种其根而徒事培拥灌溉,劳苦无成矣。世之所以因循苟且,随俗习非,而卒归于污下者,凡以志之弗立也。志不立,天下无可成之事,虽百工技艺,未有不本于志者。”认为学问最重要的是先立志。又说:“正目而视之,无他见也;倾耳而听之,无他闻也。如猫捕鼠,如鸡覆卵,精神心思凝聚融结,而不知有其他,然后此志常立,神气精明,义理昭著。”认为有了志向之后会神气精明,精神倍增。西汉《淮南子·主术训》中有“淡泊明志”的说法,南朝《后汉书·耿弇传》中有“有志者事竟成”的说法。以上论述都强调了立志特别是立大志的重要性,强调志向对人的精神引领作用。

颜之推在《颜氏家训》中记载了幼儿抓周的习俗,这是中国民间流传已久的以育儿为追求的习俗。小孩周岁时举行一种预测前途和性情的仪式,通过孩子抓取的物品来预测其志趣、前途和将要从事的职业。可见,中国古代家庭对幼儿的志向志趣非常重视。

第二,志向的内容高远——“要立大志”。

在立志的内容上,古人认为是“志”能够带动“心”的发展方向,强调要立大志,以“圣人”作为人生的目标,从而使“心”朝着圣人方向发展。

《孟子·告子上》中有“此天之所与我者,先立乎其大者,则其小者弗能夺也”,意思是先把重要的思想端正树立起来,那么其他的想法就不会被引入迷途。“立乎其大”的“大”是立大志,立圣人之志。一个人需要立志,但更需要立高远之志。陆九渊就非常推崇“先立乎其大”。立大志是为了成“大人”,只有树立了远大的志向,先立乎其大者,才能卓然于流俗之中,不为区区时文之习所汩没,也才能潜心求学明理而不为荣辱利害所动,只有立了大志,才可能成为立于天地之间的“大人”。

北宋哲学家张载在《正蒙·至当篇》中说“志大则才大,事业大”,强调有了远大的志向并为之努力奋斗,志向可以激发出一个人的才干,使人取得很大成就。明末清初思想家颜元在《习斋先生年谱》中也说“圣人亦人也,其口鼻耳目与人同,惟能立志用功,则与人异耳。故圣人是肯做工夫庸人,庸人是不肯做工夫圣人”,认为圣人也是人,相貌与普通人无异,只是他们能够立定志向并认真地去做,这一点与一般人不同罢了。

岳飞的母亲教导他从小树立“以身许国,报效国家”的远大志向。尽管岳母刺字“精忠报国”的故事可能只是传说,但是岳母的期望和引导深深地影响了岳飞的报国志向和行动，因此这个故事流传至今。

第三，志向的实现要有意志力。

关于如何实现志向，古代思想家、教育家的著述中也有记载，强调立志过程中的持之以恒、锲而不舍，强调人实现志向的意志力。

荀子说："骐骥一跃，不能十步，驽马十驾，功在不舍。锲而舍之，朽木不折。锲而不舍，金石可镂。"他认为，一个人如果仅有远大的志向，而没有吃苦耐劳的精神，没有锲而不舍的勇气，什么事情也做不成。

《墨子·修身》中有言："志不强者智不达。"说的是有大成就的人，都是勤奋有意志力的人。人在坚定的意志力之下才能充分发挥智慧。苏轼有言："古之立大事者，不惟有超世之才，亦必有坚忍不拔之志。"他认为自古以来能成就一番事业的人，不仅有出类拔萃的才能，也一定有坚韧不拔的意志力。唐代王勃在《滕王阁序》有言："老当益壮，宁移白首之心？穷且益坚，不坠青云之志。"他认为一个人越是处境艰难的时候，就应该越是坚忍，越是不丢失高远之志。《朱子语类》中记载朱熹有言："学者做工夫，当忘寝食做一上，使得些入处，自后方滋味接续。浮浮沉沉，半上落下，不济得事。"他认为为学需要深入做功夫，确立明确的志向，达到废寝忘食才能够真正学到圣人之学。王阳明说："知是行之始，行是知之成。"一个人如果只是立志而不躬行，志向是很难实现的。

（二）现代家庭教育中的励志教育误区

家庭教育对青少年理想信念的确立起到至关重要的作用，是青少年励志教育的重要力量。家庭教育引导和影响青少年树立正确的世界观、人生观、价值观，确立正确的理想信念，树立成长成才的理想目标。古代家庭教育中强调立志是成人成事的根本，没有志向，人就很难成才。正如颜之推在《颜氏家训·勉学》中所说："有志尚者，遂能磨砺，以就素业，无履立者，自兹堕慢，便为凡人。"一个人只有确立志向，奋发图强，才能成就一番事业，实现自己的人生价值。可以说，励志教育是古人留给我们的宝贵教育遗产。而现代家庭教育普遍缺乏科学的教育观念的指导，没有尽到应尽的教育职责，过于关注子女的物质需求而忽视了道德和理想信念层面的教育。虽有少数家庭也对子女进行励志教育，但教育侧重点放在追求个人现实利益上，忽视了精神层面和道德层面的需求，使家庭教育流于形式，浮于表面，未能真正发挥其积极作用。在现代家庭教育中，励志教育的地位、内容和方式都发生了一些变化。

1.励志教育理念淡化:励志与励志教育的重要性被忽视

许多家庭把孩子的学习成绩作为首要关注点,重视文化知识的学习,其次是艺术特长的培养,而往往忽视了子女的励志教育。对于家庭要“培养什么人”这个核心问题没有认真思考,存在“重智育轻志向”的问题。《全国家庭教育状况调查报告(2018)》调查表明,学生和班主任都认为家长最关注的是孩子的学习情况。以小学四年级学生为例,学生大都认为家长对自己最关注的前三位是学习情况(79.8%)、身体健康(66.6%)和人身安全(62.2%),其人数比例远高于对道德品质(25.3%)、日常行为习惯(15.2%)、兴趣爱好或特长(10.8%)、心理状况(6.5%)等方面的关注。96.2%的四年级学生表示家长对自己的成绩期望至少是“班里中等”。有调查发现,超过九成的城市家庭子女和进城的农村家庭子女被家长期待至少能上大学。这在一定程度上也反映了“能接受孩子是一个普通人,但不能接受孩子是考不上大学的普通人”成为网络热议话题的原因。

部分家庭在家庭教育中出现“重智育、轻德育”的现象,把教育重心放在提高子女文化成绩上,忽视了励志教育对青少年的重要影响。励志教育在家庭教育中的淡化,实际上问题的根本就是在“培养什么人”方面出现了偏差,家庭指挥棒的错误导向,导致孩子也面临着“志向危机”,对人生价值和意义理解模糊,没有明确的人生追求。

2.励志教育内容异化:志向追求的物欲化与短视化

历史上励志教育多强调为国家尽忠,体现家国情怀。周恩来在少年时代就立下“为中华之崛起而读书”的宏伟壮志,这和优良的家风、得法的家教密不可分。而当今家庭中对于励志教育很难从精神方面去探寻,倾向物欲化的追求,比如一些家庭教育子女努力学习是为了将来找一个“好”工作,或是成为“人上人”。诚然,对于美好富足生活的追求无可厚非,然而家庭励志教育更应体现为精神层面的追求,比如厚植的爱国主义情怀和坚定的理想信念。实际上是父母把自己未完成的愿望通通压在了孩子身上,于是呈现出物欲化的励志教育倾向。

在“唯分数”“唯升学”的家庭教育目标下,一些家长往往将分数的追求作为孩子学习的驱动力,把升学当成学生成长的目标,将励志教育定位于此,将学生的志向引导到考试、证书、考级、比赛这样的短视化、功利化的目标上来。比如,帮孩子订立学习分数目标，孩子经历考试就要有目标分数；订立参赛证书目标，孩子学习艺术特长就要考级拿证书，以便将来在升学择校中成为加分选项。家庭教育过于偏重智育，过分夸大分数的重要性，而忽视分数的内涵；忽视家庭教育对孩子全面发展和长远发展的积极影响，不重视学生个性发展与个体差异。这种功利化的趋向实际上偏离了人的“全面发展”，一方面忽略了对孩子自我学习能力、学习动力的培养；另一方面也偏离了对孩子树立远大志向的正确引导。

3.励志教育方法简单化：缺乏科学系统的方法指导

功利化、短视化的立志内容，往往使得励志教育在方式上也是急于求成。有的家长不愿做“学习型父母”，不明白志向的重要性，认为励志教育是很简单的事，不了解励志教育的科学方法，再加上外界环境的影响，励志教育被简化为家长把自己的希望传递给孩子；有的家长过于严苛，属于“专制型父母”，在励志教育过程中不考虑孩子身心发展特点，缺乏与孩子的沟通，把自己的期望强加给孩子，把自己的目标变为孩子的志向，或者直接帮孩子制定志向目标，使用强硬的方式让孩子按照自己规划的路线努力，在孩子努力的过程中只会一味地灌输吃苦理念，不会用科学的方法进行指导；有的家长过于溺爱子女，属于“溺爱型父母”，以孩子为中心，过度关注和宠爱孩子，将家庭教育建立在优越的物质基础上，愿意花费大量资金为子女提供先进的教育资源，但却忽视了孩子志向养成，不懂得引导孩子树立一个远大的志向，不懂得如何陪伴孩子一起制定目标，更不愿意孩子在实现目标的过程中经受挫折，甚至在孩子遇到挫折时自己先退缩。

一些家庭缺乏科学教育方法的指导，使励志教育无法达到良好的效果。这种缺失体现在两方面：一是不懂得如何将励志教育融入生活，营造良好的教育氛围。一些家长忽视家庭环境的建设，热衷于为孩子选报各类学习班，把陪伴孩子成长、培养孩子志趣的责任都推到社会培训机构，自己花费大量时间和精力监督孩子学习，导致家庭氛围紧张。励志教育如果没有良好的家庭氛围做基石，没有正确的教育方法做引导，难以起到真正的作用。二是不愿意学习励志教育相关理论，了解名人立志故事。一些家长忽视了自身在家庭教育中扮演的重要角色，忽视了言传身教的意义，在家庭中没有给孩子树立良好榜样形象。很多家长要求子女做到的，自己却无法做到，忽视了自身素质的提升，不愿意学习新知识，更不愿意去研究教育理念和方法。励志教育如果只有言传没有身教，只靠生硬地灌输和反复说教，容易让子女产生逆反心理，无法起到良好的效果。

（三）励志教育失当的原因

励志教育在家庭教育中缺失的主要原因是家庭教育过度功利化。这种功利化体现在两个方面：第一，家庭教育内容的功利化倾向。家庭作为人生的第一所学校，教育的内容应该涵盖智育、体育、美育以及德育和劳动教育等全方位的内容。然而，越来越多的家庭在教育孩子时，选择盲目给孩子补习，家庭教育的主要内容依然是以学习知识技能为主，却忽略了潜移默化的励志教育、道德教育和劳动教育等内容。比如，一些家长不懂得在日常生活中渗透志向和目标的重要性，不懂得采取灵活多样的方式对子女进行励志教育；一些家长对劳动教育认识不足，不让孩子参加家庭劳动，需要孩子独立完成的劳动，也是代为完成，实际上这就剥夺了孩子的劳动体验。殊不知，劳动可以培养孩子吃苦耐劳等坚毅的品格和意志力。第二，家庭教育目的的功利化倾向。这种功利化是一种囚徒困境，即所谓的“内卷”，是个体理性导致集体非理性的集中表现，当前父母的教育焦虑已经成为一种普遍的社会现象。受社会风气与应试教育等的影响，很多家长将“考个好成绩”作为子女接受教育的目标，很多家长在孩子成绩上投入大量的金钱与精力，把追求成绩、追求高学历当作家庭教育的唯一目标，家长过度严苛的要求、过高的期望目标，超过了青少年的身心发展水平和实际需要，使得青少年长期背负着巨大的学业压力，对未来缺乏清晰、明确的规划，无法结合自身实际设定正确的志向和理想。家长的短视与功利导致对孩子过分重视智力教育而忽视了励志教育。

（四）励志教育失当的影响

1. 青少年心理健康方面

研究发现，心理健康问题已逐渐呈现“低龄化”趋势。据 2020 年世界卫生组织估计，个体约 50％的心理问题出现在小学阶段。另有研究表明，小学生面临着不同程度的心理健康问题，其中睡眠问题、抑郁和焦虑排在前三位。《中国国民心理健康发展报告（2019—2020）》数据显示：小学阶段的抑郁检出率为一成左右，初中阶段的抑郁检出率约为三成，高中阶段的抑郁检出率接近四成，抑郁水平随着年级升高而提高。抑郁和焦虑的原因可能有很多，其中一个原因则和家庭教育中缺乏励志教育有关。许多学生在进入大学之前，人生成长的过程几乎都是听着父母的建议进行的。绝大部分人在上大学前唯一的人生目标就是考大学，家庭教育没有引导孩子确立一个属于自己的真正的志向和理想，更没有陪伴孩子一起探寻实现目标志向的途径和方法，孩子不知道遇到挫折了怎么办。孩子缺乏内在的自我支撑，久而久之，形成了一个空心的自我，有的甚至导致“空心病”。北京大学徐凯文老师认为空心病是指价值观缺陷导致的心理障碍，症状为觉得人生毫无意义，对生活感到十分迷茫，不知道自己想要什么。儿童青少年心理问题专家陈默老师认为现在的儿童心理问题，主要是因为高竞争感和高孤独感。一方面，现在儿童的物质生活是无忧的，他就过早地思考了一个终极问题：“我的存在有什么意义？”而家庭励志教育的缺失让这个精神信念层面的问题过早困扰了孩子；而另一方面，家庭的厚望乃至整个社会的教育焦虑，使孩子不得不从小参与高度的竞争，承受很大的压力，又缺少励志教育的引导，由此产生各种心理问题。

2. 青少年理想信念方面

研究表明，中小学生理想信念缺失主要表现在理想信念大而空，理想信念容易动摇，空有理想但不愿付诸行动。一份面向杭州市大中学生做的“青少年理想信念现状”调查显示，总体来看，当代青少年对理想信念的作用有正确的认识。但当被问到是否有理想信念时，41.48％的被调查者认为自己有理想信念，但没有特别计划去实行。此外，34.99％的学生将理想定位于事业、财富；23.92％的学生将理想定位于爱情、家庭；24.94％的学生将理想定位于美好的想象，如周游世界、隐居等。只有16.16％的学生将理想定位于崇高的目标，追求真理，在为国家和社会做贡献中创造出有价值的人生。从调查数据中可以发现，当代青少年在理想信念方面存在明显的个人主义功利化倾向。调查中还发现，多达69.08％的学生表示其理想因他人而改变或者因自己的思想变化而改变；45.04％的学生表示在实现理想过程中遇上困难会退缩或放弃。

3. 青少年意志力方面

意志是人的一种重要心理品质，是为目标努力的过程中表现出来的坚毅和勇气。青少年意志力不足的一个很重要的原因就是缺乏明确的坚定的志向，这在很大程度上是因为家庭中缺乏励志教育。励志教育在培养中小学生意志力方面也有十分重要的作用，意志力可提高学生的抗压能力，遇到问题时不怕困难、不怕失败、相信自己，最终坚持实现目标。个人情绪有波动时，有的时候会懈怠，志向有助于集中精神，调节情志，维护身心和谐的重要功能。所以，从这个角度讲，树立志向和理想有助于安抚调节情绪，维护心理健康。励志教育长期的缺位与错位，使得孩子缺乏坚强的意志力、容易受挫。意志力减弱的同时会导致理想信念动摇，使孩子陷入自我怀疑、自我否定直至自身理想破灭。

三、励志教育的内涵与作用

（一）励志教育的内涵

“志”有两层意思，从信念层面理解，指的是志向、志气，是一个人的人生目标和远大理想；从品质层面理解，指的是意志，是一个人实现人生目标及远大理想的决心和毅力。“励”也有两层意思，从外在因素层面理解，指的是激励、鼓励，是外界采取一定的教育方法和激励措施，帮助一个人实现目标进而达到更高层面；从主观因素层面理解，指的是磨砺，是一个人克服各种困难，通过自我磨炼和自我激励，完成自我的成长进而实现目标。

励志教育就是用科学的教育方法激发个人志向的信念教育。家庭励志教育就是指在家庭生活中，家长用科学的方法去激发孩子内在动力，引导孩子树立远大的志向，帮助孩子在过程中克服困难、磨炼意志、坚定信念，努力实现志向和目标的教育过程。

（二）励志教育的作用

“志”的重要意义在中国传统文化中就有无数经典表述。《论语·子罕篇第九》中有“三军可夺帅也，匹夫不可夺志也”。在现代社会，励志和励志教育在一个人的成长过程中仍然发挥着十分重要的作用。

1. 励志教育能够激发孩子的学习动力

励志教育能够激发学生的学习动力，体现在两个方面，第一是制定目标。制定目标能成为激励自己学习的动力。“古之立大事者，不惟有超世之才，亦必有坚韧不拔之志。”志向，是一个人的精神动力，是奋斗的力量源泉。中国有句古语，“有志者，事竟成”，一个人一旦立定了志向，便有了坚定而崇高的理想和气节，在困难面前便有了迎难而上的勇气。长远的目标是要靠长久的努力和坚持才能实现的，长远的目标是持久努力的动力之源，而长远的目标一般分解为短期目标，一步一步实现。对于学生而言，关于学业的阶段性的短期目标就是学习的动力之源。从实现目标的方法看，有科学的方法去规划行动，孩子就有信心能够通过努力获得成就，并有更多的动力为此付出行动。

2.励志教育能够提升孩子的抗挫折能力

励志教育不仅包括教育孩子确立志向，也包括对孩子意志力和积极人格的培养。孩子的成长过程中会遇到很多挫折，面对挫折时的畏难情绪、焦虑情绪等情绪反应不是可以简单克服的，人的主要心理特质主要形成于青少年时期。励志教育是一个长期的过程，也是科学方法与潜移默化的结合，励志教育特别注意良好家庭氛围的营造，给孩子以情感支持、理解与包容，有助于缓解青少年的心理问题，有助于孩子抗挫折能力的提升。

3.励志教育能够帮助孩子树立正确的价值观

励志教育首先是要引导孩子确立志向，一个能长久坚持的志向要既能符合个人兴趣，满足个人需要，又能与社会发展相结合，因此励志教育也影响着孩子的价值观。首先，志向的确立是一个复杂的过程，孩子明确志向的过程就是将自己个人需要与社会发展相结合的过程。励志教育，有利于青少年形成对外界的正确认知；有利于青少年理解个人志向与社会价值的辩证关系，形成符合社会规范的行为；有利于正确价值观的形成。其次，志向的践行是一个长期的过程，励志教育注重父母与孩子的有效沟通，这种互动是以价值目标为指引的。父母关注孩子发生的情感和思想变化，关注孩子的内心世界，帮助孩子形成完善人格，坚定信念，有利于正确价值观的形成。

4.励志教育有助于孩子形成科学的职业观

家庭励志教育与个人职业规划紧密相连，一方面体现为职业规划和职业选择是远大志向的根基，励志教育要帮助孩子对人生道路进行明确的规划，帮助孩子了解不同的职业，引导孩子尽早进行职业方向的规划，促进个体职业生涯的发展；另一方面体现为父母在职业规划中有目的地进行励志教育，促使孩子不断追求卓越自我，坚定远大志向，实现人生价值。

一项针对某地高中生的职业生涯规划调查显示，青少年对职业关注程度不高，对职业的种类还不甚了解。在家庭的励志教育中，父母应该尽早培养孩子的职业观，让孩子对社会分工和职业选择有所接触和体会，引导孩子通过多种渠道了解和感受不同的职业，鼓励孩子多参与社会实践活动，帮助孩子在合适的成长阶段进行职业生涯规划，鼓励孩子将志向与职业结合起来，最终促进个体职业生涯发展和人生志向的实现。

第二篇　方法篇:家庭励志教育科学体系——“知一立一行一韧”

家庭励志教育是一项系统的长期的教育活动,也是一个科学的教育体系。我们将这项长期教育活动分成“知”“立”“行”“韧”四个模块。

“知”(Know)指的是认知层面认识志向,是励志教育的首要环节。家长首先要引导孩子认识志向,思考自己想成为什么样的人,引导孩子追寻理想志向与实现人生价值。其次要引导孩子认识成功,教导孩子成功的标准是多元化的,要以社会为尺度,要把个人成长与祖国前途、民族复兴、集体荣誉自觉地联系在一起。最后是引导孩子认识自己、接纳自己,学会自我反思与评价,在自我认知和自我评价的基础上充分建立自信,发展自我。

“立”(Establish)指的是确立目标，励志教育的基础环节，就是家长帮助孩子确立目标。目标是个体对于自身能够在某项活动中获得成就感和满足感的一种期望，是决定成功的重要因素。家庭励志教育既需要帮助孩子确立长远的人生目标，也需要引导孩子学会分解目标，明确职业方向和短期努力的方向。

“行”(Action)指的是规划行动，励志教育的核心环节就是家长根据孩子的个人志向，帮助孩子对未来的发展道路做出设计和筹划，还包括分析行动可能遇到的困难，以及克服这些困难的方法。最后要修正行动，只有经常总结、经常反思，经常对照目标，才能发现行动中的问题，回到正确的方向上来。

“韧”(Stick)指的是坚持行动，是励志教育的关键环节，就是在实现目标的持久行动中，培养孩子的坚持力。主要从思想准备、心理能量准备、方法准备三个方面做好坚持行动的动能储备。

第二章　认识志向

实际上，我们可以把励志看成是对人生的一种规划。但在现实生活中，很多人对自己的整个人生，对未来的五年、十年，甚至最近的一年都缺少规划。其原因无非两个方面，一是懒惰，二是害怕失败。前者指一些人懒于对自己进行规划，更是指他们懒于为实现规划目标而付出努力。后者则更加普遍，一旦有了规划目标，就会给自己带来压力；而如果没有实现目标，则会让自己陷入到自责、自卑的情绪中，给自己带来恐惧。这是大多数人所不愿面对的。

在家庭励志教育科学体系中，第一个模块就是“知”，即培养认知，包括对于志向的认知、对于成功的认知以及自我的认知三个方面。

一、认识志向

孩子的认知发展是一个逐渐形成的过程，家庭励志教育中家长要做的不是告诉孩子要成为什么样的人，要树立什么样的志向，而是帮助孩子认识到他想成为什么样的人，帮助孩子认识自己的理想志向。认识志向要注意三个层面问题：第一是在价值观层面，让孩子了解什么样的志向是有意义的；第二是在人生观层面，让孩子明确为什么要树立志向；第三是在世界观层面，让孩子逐渐加深对世界认知，同时用正确的世界观指导人生志向。

（一）价值观层面

在价值观层面，要引导孩子树立对国家、社会的崇高理想和坚定信念。高远的志向不仅包括对学业、事业的目标追求，更应具备家国情怀，蕴含对道德理性的向往。家国情怀是中华民族的优秀传统，“大道之行，天下为公”“天下兴亡、匹夫有责”，爱心与仁义、使命与担当是自古至今家国情怀的精髓。

明代王阳明的《教条示龙场诸生·立志》有一句话：“立志而圣则圣矣，立志而贤则贤矣”，说的是一个人如果立志成为圣人，就会成为圣人；如果立志成为贤人，就会成为贤人。这句话实际上说了两个问题：首先是立志的重要性。人只有拥有坚定的志向，才能有明确的方向，有奋斗的动力，有克服困难的勇气，最后才能有所成就，这也是我们通常说的“有志者事竟成”。其次是远大志向的重要性。一个人的志向如果没有家国情怀，只追求个人的名利，最终也只能是一些个人的成就。只有将个人志向和国家利益、人民利益结合在一起，才能成就一番事业。

中国杂交水稻育种专家、“世界杂交水稻之父”袁隆平从小对大自然充满梦幻般的憧憬，袁隆平 6 岁时一次郊游的经历奠定了他理想的基础，影响着他的一生。他从小立下志向，要做一名植物学家。长大后学农学的袁隆平看到为摆脱饥饿、增加粮食产量而发愁的农民，他以一个农业科学家的良知，思索自己的历史使命，思索着自己怎样做才无愧于祖国、无愧于人民。正是这样的家国情怀让袁隆平克服重重困难，研究杂交水稻，在科学试验中进行新的探索，最终取得了举世瞩目的成就，造福国家和人民，乃至全世界。这样蕴含着家国情怀的高远志向值得每一个孩子学习。

当代最杰出的桥梁专家茅以升从小所立志向也是饱含家国情怀，把国家和人民的利益放在心间。茅以升 11 岁那年看到文德桥被压塌的悲惨情景，就立下了大志，要为人民造好桥，造结实的桥。为了实现自己的志向，他无论走到哪里，都认真观察桥；读书读到桥，就把内容摘抄下来；看到报刊上桥的照片，就把它搜集起来。15 岁他就考入了专门学习造桥的学校，继而走上了桥梁建筑的道路。后来他实现了自小的理想，设计制造了著名的钱塘江大桥、武汉长江大桥，为国家和人民做出了重大贡献。

著名学者傅雷，培养出了享誉世界的钢琴演奏家傅聪和优秀的英语教育专家傅敏。他在写给儿子的信中反复强调：“我指的是一个德艺俱备、人格卓越的艺术家”“先为人，次为艺术家，再为音乐家，终为钢琴家。”可见，傅雷的家庭教育目标首先是为人和德行，仅有事业上的成功绝不是教育目标的全部。

相反，脱离了崇高理想的志向在人生道路上则会偏离方向，不符合国家和人民利益的志向，最终也不会成功。

志向的价值观取向是家庭励志教育中的首要问题，当今时代是一个多元文化的时代，青少年的思想容易受到外界各种因素的影响，如何引导青少年明确志向的价值意义，树立具有家国情怀和社会责任的志向，是值得关注的问题。习近平总书记指出："青少年的价值取向决定了未来整个社会的价值取向，而青少年又处在价值观形成和确立的时期，抓好这一时期的价值观养成十分重要。"习近平总书记在庆祝中国共产党成立100周年大会上的重要讲话中指出："新时代的中国青年要以实现中华民族伟大复兴为己任，增强做中国人的志气、骨气、底气，不负时代，不负韶华，不负党和人民的殷切期望！"因此，家庭励志教育应该在引导青少年志向的价值取向方面发挥作用。

（二）人生观层面

在人生观层面，家长要帮孩子明确为什么树立志向，要帮助孩子认识到不同的人有不同的人生价值，引导孩子思考要成为什么样的人。励志教育注重的是家长要帮助孩子成为他自己想成为的人，不是让孩子成为家长期望中的人。

第一，要认识人生目标与志向的关系。对人生目的的清醒认识有助于志向的确立，家长要重视在人生观层面对孩子的志向引导。一些青少年对人生与人生价值没有充分的认知，找不到自己的人生方向和目标，对自己的人生和价值感到迷茫。随着网络技术的发展和社会生活的进步，新一代青少年有多种渠道与外界接触，也更方便他们认识世界。但各种信息混杂在一起的网络世界也影响着青少年的人生观，一些青少年将自己的人生目标设定为"当网红""游戏玩家"，一些青少年将自己的人生目标物质化，比如"豪宅""名车"，一些青少年的人生目标则局限在学业领域，比如"得高分""考名校"，而没有更长远的人生规划。2017年华侨基金会发布的《中国大学生白皮书》数据显示，有高达95.7%的大学生对未来感到迷茫与困惑。体现在大学生身上的迷茫问题，实际上正反映了青少年缺乏正确的人生观。对"我要成为什么样的人""我要过怎样的人生"的思考，是认识志向的重要内容。

第二，要认识人生态度与志向的关系。人生态度是人生观的重要内容，是关于"人应该怎么活着"的思考。认真务实、积极进取的人生态度有助于志向的实现。认真务实能使人从实际出发，以科学的态度看待人生，认真思考人的生命应有的意义，明确生活目标和肩负的责任，以务实的精神创造自己的人生。积极进取能使人热爱生活，对人生充满自信，这种自信就是面对挫折时的强大心理基础，以开拓进取的态度迎接人生的各种挑战，体验奋斗的快乐和幸福。

第三，在帮助孩子树立志向方面，要认识到短期目标、长期目标与人生目标的辩证关系。在家庭励志教育中，家长经常让孩子建立短期目标，比如期末考试有什么期待，今年要掌握什么技能，中学选择什么样的学校，高考努力进什么样的大学，这些短期目标能够督促孩子努力，短期激励在志向实现过程中也确实不可缺少。但要想让孩子真正自律地学习，拥有自我学习和终身学习的能力，家庭励志教育就不能忽略学业之外的目标，去帮助孩子创造学习成绩之外的成就感。想让孩子健康地生活，做优雅生活的创造者，家庭励志教育不能忽略孩子更长远的人生目标的规划，需要引导孩子在人生观层面明确志向，建立更长远的人生目标，进而激发孩子的内在动力。

家长要重视励志教育的方式方法，营造开放民主的家风和良好的家庭氛围，通过日常生活的正能量影响子女的人生态度，为实现志向注入不竭的动力。

(三)职业观层面

在职业观层面，志向在职业选择上表现为职业价值观。职业观是对职业选择的态度，深深影响着一个人职业的目标和择业动机。要正确树立远大志向，必先确定自己的职业方向，没有职业方向的志向虚无缥缈。父母在孩子的职业观培养方面，应该从以下三个方面入手：

第一，对职业的认知方面，明确职业无高低贵贱之分。

任何职业的存在都有其必然性，不能用劳动报酬的多少把职业划分等级。职业分工有不同，古语有“三百六十行，行行出状元”，任何一个职业都能干得出色。任何职业只要创造价值，都能获得社会的认可。

家长的职业行为、职业价值观、职业态度都会潜移默化地影响孩子职业观的形成和发展，影响着孩子对就业方向和具体职业的选择。中国科学院大学的王庭大曾经做过一份关于中小学理想职业的调查问卷，选择了一个城市的两所中学和两所小学，在 9 个可选择的职业中，企业家排在第一位，其次是歌星影星，科学家排在第七，农民、工人排在最后。另有一份针对高三学生职业理想的调查，对象包括文科考生 4 207 人，理科考生 3 630 人，热门理想职业依次是公务员、律师、医生、记者等。对所谓的热门理想职业的追逐，在很大程度上受家庭思想观念的影响。时代在变化，孩子的未来的职业道路也很长，因此家长要根据社会的发展变化，转变教育观念，帮助孩子正确看待社会环境与职业发展，让其认识到职业没有高低贵贱，都是将自身劳动转化为社会财富，实现自我价值与社会价值的统一。

第二，在职业意识方面，进行渐进式引导与培养。

职业意识是随年龄的增长和认知的发展有所变化的，职业意识的培养应该贯穿于每一个学习阶段，并且逐步加强。一般在 11 岁之前孩子处于对职业的幻想期，对职业的认知和向往只凭兴趣，不考虑能力。这一时期家庭励志教育重点就是帮助孩子寻找自己的兴趣。在学前阶段可以通过环境模拟和角色扮演等方式让孩子充分体验各行各业的工作环境，感知不同的工作场景，激发孩子对职业的兴趣。在小学阶段，家长可以鼓励孩子与不同职业的人接触、交流，通过现场观摩、初步实践等方式充分理解不同职业的特点，明确该行业的技能要求，树立对职业的敬畏意识。11～17 岁是少年向青年过渡时期，这阶段孩子的职业观既能结合兴趣，也考虑能力，并且开始关注职业的社会意义。这一时期家庭励志教育重点是将志向与职业结合起来，将志向的选择具体化到职业层面。17 岁以后是职业选择的现实期，这一阶段青年人即将步入社会，能将自己的主观愿望、能力基础与社会需要结合起来，将目标集中在具体的几种职业上。这阶段的家庭励志教育主要是给予鼓励和支持，释放出更多的自由空间和选择余地。

第三，对职业的体验方面，帮助孩子确立方向。

智联招聘曾经就大学专业与职业问题进行过一项调查，高达 52％的被调查者表示“如果上天再给我一次机会，我会选择另外一个专业”。有 34％的人希望在原来所学专业基础上再学第二专业；只有 14％的人对当年的选择不后悔。这项调查反映出一个问题，即大多数的大学生对即将从事的职业没有真实的社会体验，致使在择业期出现后悔现象，也反映出家庭励志教育对于孩子职业观的培养缺少早期的职业体验。家长在孩子职业观形成初期，应该为其创造职业体验的机会，多参与社会活动，熟悉职业环境，在各种互动中增进对不同职业的了解。在实践中引导孩子对不同职业进行比较，加深孩子对职业这一概念的认识。同时观察孩子的兴趣所在，让孩子在真实的体验中体会职业的乐趣和价值感，从而确定自己感兴趣和擅长的职业方向。

二、认识成功

志向来源于对成功的渴望，想要什么样的成功，必要立什么样的志向。在认识志向的基础上要认识成功，对成功的科学认知要避免将成功转化为一种狭隘的观念，要引导孩子形成健康向上的成功认知，让孩子明白成功是对生命意义的感受，是人生的价值体现，是个人奋斗得到的事业和建树。认识成功要认识到以下几层含义：

（一）成功的三个层次

习近平总书记在清华大学考察时指出，“当代中国青年是与新时代同向同行、共同前进的一代，生逢盛世，肩负重任”“广大青年要肩负历史使命，坚定前进信心，立大志、明大德、成大才、担大任，努力成为堪当民族复兴重任的时代新人，让青春在为祖国、为民族、为人民、为人类的不懈奋斗中绽放绚丽之花”。家庭励志教育要教导孩子成功不是以个人为标准，而是以社会为尺度，当代青少年要把个人成长与祖国前途、民族复兴、集体荣誉自觉联系在一起，才能真正成功。可以把成功分为成人、成才、成业三个层次：

第一个层次是成人。从当代青年这个特定的社会角色来说，“成人”应具备三个要素，即身心健康、立志明德、社会责任感。首先应该成为一个身心健康的人，情绪稳定，乐观大度，积极向上，内心有满足感，精神愉悦，与人相处融洽，生活充实有活力。其次成为一个“立志明德”的人，有理想有志向，为了理想能坚持、不懈怠，才能创造无愧于时代的人生。最后，成为有责任担当的人，有强烈的社会责任感。

第二个层次是成才。成才就是成为某一方面的专门人才，成为对社会有用的人。成才是在成人的同时，走上工作岗位，经过实践的锻炼之后，胜任本职工作，可以独当一面。能够做到这一点，就说明已经成才，能够创造价值、自食其力了。中国古代成才的途径单一，只有师傅口传心授。当代成才的途径主要是上学、实践，由成学转变为成才。由于现代社会的技术进步速度极快，学校学到的知识只是求职的敲门砖，更多的知识要在实践工作中进一步地学习与探索，并且随着知识更新速度的不断加快，要想获得成功，人的一生都要保持学习的状态。

第三个层次是成业。成业就是成就一番事业，它是成功的高级阶段。事业是指成就一番有条理、有规模并有益于公众的事情。一要做成一件事，二要这件事的规模足够大，三要这件事有功于社会，四要这件事能让自己的潜能充分发挥。成业是目的明确的一番事业，是以往相关业绩的累积。比成业的规模小一点是成绩，就是取得一定的成果。业与绩只是相对一个人而言，先积小绩，后成大业。

（二）成功的标准不同

成功的标准是多元化的，虽然每个人对于成功都有自己不同的标准，但是无论哪种成功，价值尺度都是人民的利益。追求成功必须要在服务大多数民众利益的基础上，在获得个人成功的同时，也能为社会做出贡献，最终实现自我价值与社会价值的统一，只有符合人民的利益才能真正取得成功。

成功不可能被框定在一个统一的标准之内，创造财富是成功，丰功伟绩是成功，个人坚守自己工作岗位也是成功。比如，中央电视台一年一度的“感动中国”人物评选活动，《中国梦》纪录片里每一个普通人的成功事例，都展示了成功的不同内涵，弘扬了正面的成功价值取向，具有良好的导向作用。

（三）通往成功的道路

从现实起点到理想目标，只有行动才能达成。通往成功的道路是艰辛的实践过程，是由一个一个的奋斗目标堆垒起来的过程，每个目标都是一个台阶。励志教育的关键就是付诸行动，其本质是让学习者为完成目标而自觉地努力奋斗，将勤奋融入每天的生活，将勤奋变成自己的一种品质。正如习近平总书记所言，“幸福都是奋斗出来的”。因此，要成功就必须有切实的行动，励志教育不仅是立志，更多的是行动，没有行动的立志是空想。因此，可以这样讲，励志方法实际上是一种让学习者怎样能够行动起来和如何行动的方法，这是贯穿于励志教育的主线。

三、认识自我

（一）认识自己，客观评价

中国古代先哲非常重视认识自己的智慧，老子说过：“知人者智，自知者明。胜人者有力，自胜者强。”意思是说，能了解他人的人是智慧，能了解自己的人是聪明。能战胜别人的人是有力量的，能战胜自己的人更加强大而不可战胜。实际上说的是自我精神修养层面的问题，是说能清醒地认识自己、对待自己，这才是最聪明和最难能可贵的。孙子也说：“知己知彼，百战不殆。”虽说是讲兵法的布谋，但其实也在告诉我们，在任何时候，做任何事，一定要重点强化“知己”，知道自己的劣势，强化自己的优势，并且把主要的精力和时间，都放在自身提高上。

认识自己包括学业、能力、情绪、人际交往、家庭和生理等多方面因素。个体把自己作为客体时，自己的外形外貌、兴趣爱好、能力特长、个性等这些基本特征在自己的内心会形成一定的概念，进而形成对自己的认识。家长在引导孩子认识自我过程中，应该从多个角度综合考虑，而不是只看重一个方面，只有帮助孩子全面地了解自己才能确立目标与全面发展。培养正确的自我认知是个体发展的基础，个体自我认知清晰，能有意识地掌控自己的行为，当自我处于变动的环境中时也可以很快地自我调节。同时，从成长阶段来看，认识自己是一个动态发展的过程。随着自我认知的发展，在对自己的更深层次的认知基础上进行自我评价、自我选择。

认识自己也包括个体在对自己的认识和理解基础上进行的自我反思与评价。一是要养成反思习惯。家长要引导孩子养成反思、自我总结的好习惯，在实践的过程中发现问题，分析并总结问题。二是接纳自己。从多方面、多角度对自我进行反思和总结，既包括认识自己的缺点，也包括认识自己的优势。能够正视和接受现实的自己，不因自身缺陷和问题而自卑，也不因自身的优点、特长和成绩而沾沾自喜。三是能坚定自我的客观正向评价。当面对他人的消极评价时，不要怀疑和贬低自己，坚定自己对自己的认知和评价，继续努力取得优秀成绩。当努力之后没有达到预期结果时，也不能因此自暴自弃，产生自卑心理。四是自我反思要适度。适度的自我反思有助于孩子形成正确的自我认知，而过度的自我反思可能会适得其反，使孩子陷入自我否定的状态。

(二)建立自信，自我发展

认识自己的目的是提升自己，要在自我认知和评价的基础上充分建立自信，发展自我。

建立自信，就是在客观地分析和评价自己的基础上，做到扬长避短。不拿自己的短处与别人的长处比，也别只看到自己的长处或短处。调节自己的心态，做到愉快地生活，乐观地奋斗。自信的孩子，做事情抗挫折能力强，能最大限度地发挥自己的能力，更容易成功，即使是失败了，也不会有恐惧和不安。家长需要注意培养孩子的自信。一是营造和谐的家庭氛围，在和睦温馨的家庭里长大的孩子更自信、更阳光开朗。二是交流方式，有的父母总是盯着孩子的短处，经常批评孩子，目的是希望他可以改正。殊不知在父母的批评下，孩子可能会觉得自己真差劲，变得越来越自卑。这样的孩子经常把“我不行”“我不会”“我做不好”挂在嘴边，也不敢独自去尝试做一件事，害怕自己做不好。父母要做的应该是多多使用鼓励的语言，父母的鼓励会让孩子越来越自信。三是教育方式，父母不要把注意力集中在孩子的缺点上，要更多关注孩子的优点和特长，使孩子能够在父母的评价中获得自信，进而正确评价自己。孩子的自信是在做事的过程中获得的，做成了一件事，哪怕再小的事，孩子就在这个方面获得了一些自信心，也就获得了一次成功的体验。父母要适当地放手，鼓励孩子去多多尝试，从某个角度来说，孩子的自信有时并不是特意教出来的，而是他们从自己成功的实践中得到的体验，从自己成功的实践中，不断发现自己的力量，相信“我能行”，成功的体验在孩子的心里积累，慢慢就形成了自信心。

（三）自我激励，超越自我

自信不是在你达到之后才相信自己能得到，而是在你还没有达到之前就相信自己一定能达到的一种信念。这种信念实际上就是一种自我激励的力量。

自我激励，要经常给自己积极的心理暗示，进行自我肯定。一种方法是每天对自己说些积极鼓励的话，积极的语言暗示能够增强人的头脑意识，调动身体各部分的活力，从而为学习和生活的成功做好准备。第二种方法是通过自己积极的行为表现去影响别人的评价，赢得别人的肯定，通过这种肯定再激励自己。传递给别人的信息影响着别人对你的评价，这些评价也能反过来影响你自己的信心和行动。如果你传递给他人的信息是积极的，得到的是别人的肯定，这种肯定也能激励你自己。第三种方法是学会正确归因。有的孩子在失败时就归咎于自己能力不行，一旦取得了好成绩，却归因为自己运气好，这种归因方法就是错误的，忽视了自身的潜能，没有正确激励自己，因而缺乏学习和行动的积极性。相反，在取得成绩时，可以将其归功于“自己的努力”，这样会激励自己对成功的渴望，继续行动也有了动力；在遇到失败偶有挫折时，把失败归因于任务太重或运气不好，这样可鼓励自己克服困难，进而更加努力。

第三章　确立目标

一、确立目标的意义与原则

(一)确立目标的意义

目标是个体对于自身能够在某项活动中获得成就感和满足感的一种期望,是决定成功的重要因素。家庭励志教育既需要帮助孩子确立长远的人生目标,也需要不断督促引导孩子明确短期努力的方向。确立目标的意义在于:

1.确立目标能够产生积极的心态

有明确目标的孩子将关注点更多地集中在自身能力的增长、知识的增加等方面;在认知层面上能够认可只要自己做出了足够努力,就能获得成功,因此内心更容易产生一种强大的驱动力。这种驱动力使孩子更关注努力过程,对学习过程本身更热爱,也更容易获得愉悦感和满足感,心态就会更加积极。

2.确立目标能够带来动力与预防倦怠

目标能够带来更多的动力,并使孩子在为目标奋斗过程中对所学逐渐产生兴趣,在面对倦怠与拖延等负面情绪时,强烈的目标追求欲给孩子带来积极的学习兴趣,促进孩子产生积极改变,有效预防和缓解消极表现。

有明确短期目标的孩子不仅能够在目标实现中满足自身的成就感,获得更强烈的兴趣,而且在兴趣逐渐浓厚的过程中能够提升自我效能感,并将这种自信心延续下去,主动进入下一个短期目标。每一次小目标的实现都能获得成就感,行动上也会更主动。

3.确立人生志向是日后发展的关键

远大志向,对人生的成功具有重大的引导意义。长远的目标能够增强孩子的目标动机,加深孩子对人生价值的感知意义,心中有志向就会感到生存的重要意义，如果这个志向分解为许多小目标，那么就会觉得为目标付出的努力是有价值的。长远的目标能使孩子从长远的角度考虑问题，能辩证地去看待目标实现过程中的困难，也能够减少过程中的挫折感，增强积极追求目标的想法。

在家庭教育中，父母应加强引导，帮助孩子将目标或任务分解为短期目标或子任务，给孩子提供更现实的目标，可以列出目标并制定实现目标的策略，一起思考和讨论预期目标可能会遇到的困难，建立克服这些困难的具体计划，在一个个短期目标循序渐进中实现人生志向。

（二）确立目标的原则

1. 明确志向越早越好

唐纳德·E.舒伯的职业生涯发展阶段理论从时间顺序出发，剖析生理、心理、社会和文化等对职业选择、调整、变动的影响，把人的职业生涯划分为五个主要阶段：成长阶段、探索阶段、建立阶段、维持阶段和衰退阶段。按照该理论，孩童从4岁开始就进行职业探索了，从4岁到13岁是一个人职业探索的“成长期”。从实践上来说，关于立志的时间，有人主张孩子在五六岁就应该立志了。《人生设计在童年》的作者高燕定认为：在孩子的童年阶段，引导孩子设立一个或几个生活目标是很重要的，虽然目标会一直改变，而且有些很幼稚，还可能出错，但有目标总比没有好。从小确立了目标，家长和孩子可以及时找出现实与这个目标之间的差距，调整学习方向，培养相应的能力和素质。不要迷迷糊糊地混到高中毕业，甚至更晚的时候，才开始认真考虑自己的人生，仓促培养自己的就业技能。他认为成功就是源于童年就开始的人生设计，从小建立职业意识、培养职业兴趣、立下职业目标，并且根据目标，有意识地培养、锻炼，让孩子都有长久的职业预备期，以致他们较早就具备相应的知识和职业技能，顺利地进入社会，成为优秀的人才。

在孩童时代就开始立志的情形，没有家长的作用几乎是不可能的。家长在孩子成长的不同阶段，根据年龄和理解能力，告诉孩子什么是工作，如何进入这个行业，应该怎么工作才能让生活更好。关于家长如何引导孩子职业启蒙，有很多方法，比如通过看图片、书籍，以及生活中常见的工作场景给儿童启蒙的职业意识。一旦孩子可以独立阅读，便可让他们自己去获取相关信息，自己去了解职业的多样性，家长只是做引导。家长可以帮助孩子进行人生设计，但必须是孩子自己的选择。如果家长和孩子的选择有冲突，不要与孩子产生正面冲击或碰撞，要去理解孩子的想法，先进行引导，让孩子自己去思考去分辨。

2. 确立志向的最佳时段

在一般情况下，青少年自己在什么时候立志为好？徐德全老师结合多年励志教育的经验，认为青少年最晚应该在初中毕业前确立起适合自己的远大志向。其原因有两点：

第一，时间不等人。初中毕业，一部分学生进入普通高中，准备高考的学生，平时几乎没有时间认真考虑职业选择问题。多数学生是在高考之后根据分数选择专业，无法按照自己的个性和兴趣爱好做出适合自身的选择，专业和未来职业与兴趣志向的匹配度不高也是常见现象。一部分学生将进入中等职业学校，此时所学的知识就是为未来职业打基础，所学知识与技能应用性很强，如果此时仍然没能正确选择职业方向，对自己所学的专业并不喜欢，会导致学习上没有目标、没有动力，对所做事情也毫无兴趣，就会耽误几年青春时光。在进入社会后，在工作岗位上会产生挫败感、无价值感。

第二，时机已成熟。初三阶段所有的科目均已开全，各种活动也都全面展开，随着社会的进步和现代化信息技术的快速发展，当代的青少年与过去任何时代的同龄人相比，有了更多的人生阅历。他们完全可以在教师和家长的指导下，根据自己的兴趣、天赋、社会需要等因素初步选择未来的职业方向。

青少年时期是发展兴趣、探索职业方向的关键时期，应该在这一时期考虑未来的职业选择，做出职业方向的规划。尽早确定职业目标，以便在未来的职业生涯中做出积极的调整和改变。

二、确立目标

（一）确立目标高度

中国古代励志教育的思想中就有“志当存高远”，正所谓目标志向要高尚远大。正如高尔基所言：“一个人追求的目标越高，他的才能就发展得越快，对社会就越有益。”没有远大目标的牵引，人的潜能就没有发挥的空间。

确立目标高度，要把目光放长远，要高于现实可能性。家长在指导青少年在确定终身大目标时，不能仅仅将目标建立在现实可能性上，而应该建立在自己的憧憬上。虽然目标不能脱离现实基础，但是确立远大志向、终身大目标时过分强调现实可能性,而缺少对未来的憧憬,则该目标大概率不会是大目标。

确立目标高度,要适当高于自己目前的能力。确立终生大目标,包括长期目标,都要高于自己的现有能力。因为能力是在我们追求目标的过程中锻炼、培养出来的。

但是确定目标也要注意避免心理学中的“习得性无助”,过高的期待和目标,会导致持续的自我挫败感和无助感,从而使自己失去动力,陷入逃避、被动、忍耐、焦虑、抑郁的心理误区。因此青少年的目标设定应该在科学策略和方法引导下,学会将具体目标和长远目标相结合,处理好过程目标和终极目标的递进关系,在目标高度与现实能力之间寻求一个平衡。

(二)确立人生使命

如果一个人的努力完全是为了自己,则很容易失去前进的动力。一个人要成功,除了要目标明确外,一定要把自己的目标上升成为一种为国家、为社会、为大众服务的使命。当自己感觉到自己确定的目标不仅能为自己带来幸福,同时也能够报效国家、奉献社会、服务大众时,社会责任感会让人在遇到困难时勇往直前。

我国外科医学创始人裘法祖,年轻的时候因为母亲的逝世立志学医,把解除千万个母亲的病痛作为自己的使命。他怀着“医学救国”的理想刻苦攻读,课余时间全都在图书馆里度过,被同学们戏称为“图书馆长”。医科前期结业考试,成绩斐然,解剖学获得满分。坚实的解剖知识,为他从事外科临床工作打下了良好的基础。裘法祖桃李满天下:慕尼黑大学的教授中有他的德国学生;在国内,中国科学院院士肝胆外科专家吴孟超、首创断手再植术成功者之一的钱允庆、器官移植专家陈实、同济医院著名外科专家吴在德等都是他的学生。他曾言,只有弟子做得更好,这个科学家才是成功的。

使命是需要自己去寻找的。人生最大的使命,就是找到自己的使命,活出自己的人生。当然,在今天这个多元化的时代,人生使命也是多元的。有的孩子确立的人生使命是改变自己家乡面貌或改变某个地方的面貌,有的孩子确立的人生使命是改变自己家庭的经济条件,让自己的家人都过上幸福生活。这也完全可以理解,也应该鼓励。不管为了什么,必须给自己赋予一个人生使命,不论是为己、为家人、为乡邻、为国、为民,都值得鼓励,境界可有高低,使命不能没有。

人生使命的境界也是可以不断提升的。好多富裕起来的人,刚开始赚钱只是为了个人或家庭的衣食温饱，成功之后不忘乡邻，带领乡亲共同致富，随着事业的兴旺发达，他们的使命已经成为要在某一领域担负起振兴国家的历史责任。

(三)确立职业方向

志向目标的确立与职业选择是一致的，志向的确立为职业方向提供指引，职业选择是志向的具体表现。没有职业方向的志向是虚无缥缈的，正确树立远大志向，必先确定自己的职业方向。因此职业选择是一个重要的决策，影响着一个孩子未来的发展轨迹。如何确立自己的职业方向呢？

第一，职业选择的一个重要前提是“喜欢”。只有选择自己喜欢的职业，才能更容易地投入工作中，并发挥自己的潜力和能力。在面对工作压力和困难时，“喜欢”是最大的动力，是不尽的能源。从事自己喜欢的工作，不仅可以增加幸福感，而且还可以提高工作效率。

第二，职业选择的内在动力是兴趣。有兴趣才能激发一个人从事职业活动的热情，有了热情就更有可能成功。但很多孩子并不了解自己的兴趣所在，或者对自己感兴趣的领域缺乏认识，很难在众多的职业种类中选择哪种职业适合自己。如果一个人对自己的兴趣认识不足，就没有一个明确的方向和目标，更谈不上将自己的兴趣和职业联系起来。家庭励志教育中家长应注意引领孩子积极地了解自己，对自身成绩水平、兴趣爱好、能力特长要有一个清晰明了的认识。向内剖析自我，拥有自己的判断力，明确自身优势，才能取己所长，避己所短，进行未来的职业规划。家长也可以借助相关的职业兴趣测试来了解孩子的职业兴趣。(参见附录一)

第三，对职业的选择要结合能力。有的父母社会资源丰富，在某行业还有一定的建树，他们就为孩子设计职业道路，希望子女在自己铺设好的职业道路上发展，这些安排未必就是子女能力所及和志趣所在。所以在子女选择职业时，家长不要从个人意愿出发进行过多干涉，应让孩子结合自己的能力，选择适合自己的职业，这样孩子可以更有动力去做，才会有持之以恒的精神，更可能在自己的职业领域里获得成功。

一个人一旦选择自己最感兴趣、最能发挥自己特长的工作，并一生为之努力奋斗，就一定会成就一番事业。所以在职业选择方面，家长要鼓励孩子将自己的能力、兴趣与志向相结合，营造好的家庭氛围，给孩子足够的心理支持。

三、分解与完善目标

(一)榜样引领

习近平总书记强调,“伟大时代呼唤伟大精神,崇高事业需要榜样引领”“青年模范人物是广大青少年学习的榜样,肩负着更多社会责任和公众期望,在青少年中乃至全社会都有着很强的示范带动作用”。在家庭励志教育中,要重视榜样的正面影响,在确立志向目标阶段,父母注意帮助孩子树立职业榜样。

1. 选择榜样

选择榜样就是要在确立的职业方向所在的领域中找到一个具体的学习榜样,学习使用他在本领域成功的职业经验。

中国青少年研究中心的研究发现,小学五年级时榜样影响力达到最高峰。另有调查显示,父母居四年级、八年级学生最崇敬榜样的第一位。但是,当发现父母的不良行为较多时,八年级学生将父母视为偶像和榜样的比例显著下降。这说明,身教重于言传,父母最需要成为孩子奋斗的榜样。父母自身是否有远大的志向,是否有明确的目标,是否有良好的习惯和奋斗的精神,这些都深深影响着孩子。此外,全社会都有责任关爱青少年的健康成长,要传播社会正能量,多发掘先进青年榜样,引导青少年树立积极的价值观念。

2. 解析经验

成功者都有自己的成功经验,模仿榜样首先要从树立的榜样成功的历程中获得智慧,来指导自己今后数十年不懈努力,使自己少走弯路。

2022 年北京冬奥会上摘金夺银光荣绽放的运动员,是很多青少年的榜样。我们了解他们成功背后的付出,会能发现他们都有一个共同的特点,就是有一个明确的目标,并付出自己的一切朝着这个目标努力。常常一个动作,需要苦练几个月才让自己满意。他们的成功经验就是自律与刻苦,是常人难以想象的付出。无论你是否想成为一名专业运动员,这些成功经验都值得学习和模仿。

3. 总结素养

影响成功的因素很多,每个人的成功都依赖于自身的独特的素养。美国丹尼尔·戈尔曼在《情商能力》一书中说:“真正决定一个人能否成功的关键,是情商能力而不是智商能力。”情商能力指的是一个人感受、理解、调控、表达和评价心理情感的能力。总结一个成功者取得成功具备的基本素养，包括思维能力、解决问题的能力、自我管理的能力，团队合作的能力等，要有意识地培养自己这些方面的素养。

(二)分解目标

荀子在《劝学》中说“不积跬步，无以至千里；不积小流，无以成江海”，意思是不积累一步半步的行程，就没有办法达到千里之远；不积累细小的流水，就没有办法汇成江河大海。常有人会在实现远大目标的过程中半途而废，往往不是因为难度较大，而是觉得成功离自己太远。确切地说，放弃者不是因为失败而放弃，而是因为倦怠而失败。如何克服实现目标过程中可能的倦怠心理？那就是分解目标。分解目标的意义在于把自己的行动与目标加以对照，进而清楚地知道自己的行动和与目标之间的距离，在阶段目标达成后，规划下一步行动，朝着下一个阶段目标努力。将任何远大的目标进行分解，在现实生活中做事要脚踏实地，一步一个脚印踏踏实实向着每个小目标努力，才能最终实现自己的人生目标。

分解目标必须分解到现在，分解到你能知道现在应该干什么，明确知道自己从现在起应该为实现目标做什么，时间具体了，行动也就具体了。分解目标有三种方法：一是按时间分解；二是按内容分解；三是按事物的相互关联分解。

按时间分解：例如有同学要把人生志向分解成十年的长期目标，五年的中期目标，二年至三年的短期目标；在此基础上再分解为年目标、月目标、周目标、日目标；也可以将人生志向按学业阶段分解，小学阶段、中学阶段、大学阶段、工作阶段五年内和十年内都分别要达到什么样的目标。制定时间表是分解目标的一个好方法。可以制定一份详细的目标分解时间表，以确保自己的目标在适当的时间内完成。例如，如果你想在一年内读完十本书，可以将这个目标分解为“每天阅读半小时”“每周阅读两本书”“每月阅读至少一本书”等。

按内容分解：例如有同学订立成绩目标，期望总分提高，通过分析自己的强弱科目和所学内容的难易程度，分解目标具体化为每科提高多少，如何提升。

按相关事务分解：例如有同学想被学校保送进入某上级学校。首先就要了解保送条件，创造成绩符合保送条件。然后在具体的关联条件上下功夫，如社会活动出色表现、提升社会实践能力、注重人际关系、修炼品格、获得家庭支持等。

(三)完善目标

无论是长远职业目标，还是分解后的具体目标，在确定目标后，都要有对目标进行完善的过程。需要定期检查和调整，以确保目标在执行过程中保持正确的方向和进度，并随时根据最新情况调整计划。完善目标要注意以下几个原则：

1. 目标必须适度

长远目标，要高于自己现有能力，目标分解后的每个小目标的设置一定要适度。在设定目标时，应全面考虑自身的实际情况，难度既不能太大也不能太小。以在自己的能力范围内，通过努力可以实现为宜。如果难度过大，超出自己的能力范围，反而会产生畏难情绪，挫伤积极性。如果目标过于简单，可能会导致盲目自信，不利于自身发展。

2. 目标必须具体

目标越具体，自己的努力方向也会越明确，目标激励的效果也会越明显。在教育焦虑背景下，很多家庭把孩子考大学作为家庭目标，励志教育也以此为内容，引导孩子把“我想考大学”作为奋斗目标。其实，这样的目标是不明确的。如果把考入大学作为目标，就要厘清考哪所大学，学什么专业，学这个专业的就业目标是什么，前景规划是什么。这些问题都清晰了，目标才足够明确。

3. 目标必须有时限

从严格意义上讲，没有时间期限的目标等于没有目标，因为它无法衡量进度，也无法衡量结果。在目标合理和具体的前提下，要为目标的实现设置一个期限，明确什么是时间或什么时段要达到什么样的成就，否则它只是一个梦想，这样的目标会让人无限拖延，最终放弃。

第四章　规划行动

一、立即行动

帮助孩子树立志向和明确目标只是“开始”，最重要的是行动。目标虽重要，但在付诸行动后才更有价值。目标本身不能带来成功，只有集中精神，去践行目标才能奔向成功。如何将理想志向付诸行动，是励志教育的重要一环。有的人光有目标，而从来都没有去实践；有的人一直在拖延，想要等到一个合适的时机再开始行动。其实没有所谓的“合适的时机”，最好的行动时间永远是“现在”。

（一）制订计划

在确立目标阶段，前面我们讲了如何制定目标，那么在行动阶段，如何制订行动计划？一个完整清晰的行动计划需要包括四方面内容。一是明确怎样达到目标。二是谁参与行动，不论是完成远大志向，还是近期目标，行动者都不只是孩子自己，孩子在行动时需要家长引导帮助，乃至整个家庭都需要参与进来。一个好的行动计划一定包含所有参与人。三是要做些什么，内容越具体越好，具体到每个参与人具体任务是什么。比如为了完成钢琴表演赛，需要孩子自己完成的是坚持上课，每天坚持练习，需要家长完成的是协助录制视频，帮助联系老师指导，预备服装等。四是合理的时间安排和分配。其一是要设定计划完成时间，比如在完成钢琴表演赛这个行动计划中，在最终比赛时间节点之前，可以设置几个中间节点用以推进计划，如设置模拟演练时间、设置预演时间等。其二是要在计划内各项任务之间合理分配时间，重要且比较难的环节要分配更多的时间。

（二）拒绝拖延

拖延是指在树立目标之后不能立刻投入行动，而是有意地从事与之无关的其他行为活动，无法按时完成或推迟完成的现象。有研究发现，拖延行为在青少年群体中较为常见，对青少年完成既定目标具有消极影响。

让孩子在确立目标、制订行动计划后拒绝拖延、立即投入行动的方法，首先是把任务分解成几个小部分，集中精力将注意力放在目前可以做的事情上。立即就开始行动，完成其中的一部分。只要开始行动，就已经在改变拖延习惯。其次，父母要多理解孩子，多关心孩子的情感需求。有研究显示，父母对孩子关注越多，孩子出现拖延行为的概率越小。再次，父母应该从自己做起。教育部原部长陈宝生在谈及家庭教育时寄语父母，他说："要孩子做到的，家长首先要做到；要孩子不做的，家长首先不做。家长做不到的，绝不强迫孩子做，孩子想做的，理性引导孩子做。"教育最忌讳的就是只在孩子身上使劲，试想自己做事常常拖延、无法坚持，选择"躺平"的家长，在教育孩子坚持、努力的时候又能有什么好的效果？在培养孩子行动力这件事上，更需要家长的率先垂范。家长应该不断学习和更新自己的知识与技能，并保持积极进取的态度，通过自身的言行举止来影响孩子。例如，父母可以在家庭中创设一些积极的氛围，培养积极的生活习惯，如早起、锻炼、做家务等，这些习惯可以为孩子树立一个好的榜样。最后，排除干扰也是拒绝拖延的有效方法。在开始行动前，给自己设定一个固定的时间，并在此之前将时间固定下来。这样可以帮助自己更好地管理时间，专注于行动，尽量使周围环境保持安静和整洁，避免出现各种诱惑和干扰。这既能防止精力体力的过度消耗，又能防止被不必要的因素所打扰，进而在行动中保持专心。

（三）克服恐惧

很多人无法立即行动是因为恐惧。实际上，行动本身会增强信心，拖延反而增加恐惧感，克服恐惧最好的办法就是行动。俗话说"万事开头难"。一旦行动起来，就会建立起自信，事情也会变得简单。克服恐惧，立即行动有几个方法。第一，在行动之前建立信心。通过自我暗示和过往积极的经验中获得信心，不断告诉自己"我可以的"或者"我能做到的"。第二，行动前要充分准备。如果在行动之前感到焦虑和紧张，可以试着放松自己的身体和精神，并准备一些应对策略来应对可能出现的问题。第三，专注于眼前的行动。可以尝试缩小行动的范围，将注意力放在眼前的事情上，可以试着从简单的事情开始做起，不去考虑可能存在的问题和障碍，避免思考太多而导致无法立即行动。

(四)时间管理

善于管理时间的人,能够快速进入行动计划,有效利用时间,高效完成任务。时间是有限的,要想在预期的时间内达到预定的目标,就必须对自己的时间进行管理。时间管理是指通过对时间安排的计划、分配、调整与反馈,实现对时间的灵活有效运用,从而实现既定目标的过程。时间管理能力是对时间进行管理的过程中体现出来的一种能力。时间管理能力不仅影响着青少年完成计划目标的具体行动,更对青少年成才具有重要影响。

有学者对青少年的时间管理倾向进行了研究,如学者黄希庭等把时间管理上的人格特征称为时间管理倾向,依照时间管理过程将其分为时间价值感、时间监控感和时间效能感三个维度,这三个维度分别指向对待时间的态度、管理时间的能力、时间管理的信心。提高青少年时间管理能力,可以从以下三个方面入手:

首先,提高青少年对时间的价值认知。只有对时间和时间的价值有明确的认知,才能够重视时间。青少年应该认识到时间对于自身学习、生活的作用,了解做一件事情需要多少时间,在一定的时间内可以做多少事情,能够找出哪些事情在浪费自己的时间,哪件事情浪费时间最多,如何减少时间浪费。认识到时间就是效益,在过去、现在和未来之间,现在最重要。树立时间意识,强化时间效能感,这些观念和认知是进行时间管理的基础。

其次,时间管理能力训练。时间管理能力是可以通过训练得到提升的,可以结合良好的学习、生活习惯养成过程来训练青少年的时间管理能力。一是对时间使用状况有一个明确的认识,如简单记录一周生活清单,监控自己一周的时间使用和浪费情况,讨论过得最满意的一天的时间安排,思考如何减少或消除对时间的浪费;二是合理估计完成某项活动所需要的时间。有研究显示,通过训练可以帮助青少年养成时间管理的行为习惯,提高学业成绩和行动效率。

最后,在行动中集中精力,增强信心。进行有效的时间管理,要提高时间使用效率,要将注意力集中在具体行动上,直到将它完成为止。要有任务分类意识,坚持要事第一的原则。要把任务按照重要和紧急的程度进行分类,并进行排序。最先完成的应该是重要且紧急的任务,投入的时间和精力也最多;其次是重要且不紧急的任务;再次是不重要但紧急的任务;最后是不重要也不紧急的任务。按照这四个层次合理进行自我时间管理,可以提升行动效率,进而提高行动力。

学者黄希庭等编制了青少年“时间管理倾向量表”，该量表具有较好的信度和效度，可以作为鉴定评价青少年时间管理倾向的有效工具。这个量表涉及44个问题，这些问题不仅可以有效评价青少年时间管理倾向，对自我时间管理与制订计划也有一定的启发。（参见附录二）

二、动力来源

（一）自我激励

青少年处在一个世界观人生观构建的重要阶段，心理心智都在成长变化中，在学习生活中存在注意力不集中、意志力不坚定、心态不成熟的特点。相比于成年人，青少年的行为更易被心理状态所影响。通过激励青少年在日常学习、生活以及完成某一项任务过程中的好胜心或上进心，有利于帮助青少年明确自己的价值方向，从而提高行动的积极性。

青少年自我激励也尤为重要。所谓自我激励，主要是指个体基于对自身的了解和认识，主动运用科学的方法，适时地激发和鼓励自己的动态过程。自我激励有几种方法。首先，可以为自己树立一个榜样。在确定目标阶段，已经确立了职业榜样，在行动过程中，可以选择职业榜样对自己进行激励，也可以选择更具体化的榜样，比如身边的同学、朋友、老师、校友等作为自我激励效仿对象，知道从榜样那里学什么以及怎么学，通过观察他们在实现理想目标的过程中是如何行动如何坚持的，通过总结借鉴身边榜样的经验，让自己产生共鸣，能够增强自我激励的效果。其次，积极参与自我管理。一般情况下个人对自己参与决策的行动最感兴趣。在学习和生活中有更强的参与感和更多的自主性，责任感就会大大增加，从而帮助自己塑造一个积极的自我形象。最后，从中国传统文化典故中汲取行动力量。《晋书·祖逖传》中有闻鸡起舞的励志故事，刘琨和祖逖能成为东晋著名将领，是因为他们既有远大抱负，又能勤奋刻苦，为实现梦想付出了很多心血和精力。坚持在满天星斗下起舞练剑，他们的成功之路并不平坦，只有持之以恒、永不放弃，才有可能享受胜利的喜悦。三字经中有“头悬梁，锥刺股。彼不教，自勤苦”的训言，讲的是汉朝孙敬读书时把自己的头发拴在屋梁上，以免打瞌睡；战国的苏秦读书每到疲倦时就用锥子刺大腿。他们不用别人督促而自觉勤奋苦读。这些历史人物励志故事，也是青少年进行自我激励的榜样。

(二)意志力培养

心理意志与行动力是相互促进、相互制约的关系,意志力能够引发高效能积极行动。意志力是可以锻炼和培养的,它有助于孩子在日后面对挑战和压力时更好地应对。

1.参与体育运动,磨炼意志力

磨炼意志力最简单有效的方法是体育锻炼。青少年可以多培养自己的体育爱好,通过体育锻炼,反复磨炼意志。在锻炼过程中,可以给自己设置阶段性小目标,追求目标的过程中不断打破自己的心理预期,强化通过努力达成目标的认知,在循序渐进的过程中意志力得以提升。经由努力达到目标,这样的成功能够成为一个"标杆",使自己明白努力就能获得进步,坚持就能取得成功。比如,孩子在练习单杠引体向上运动时,先给自己设置5个目标,完成后提升至8个,再慢慢促使自己达到10个;或者在游泳运动中,通过逐步设置500米、1 000米、1 500米的目标里程,不断突破自己的体能极限。参加体育比赛也可以训练青少年的意志力,一方面,通过参加比赛,青少年能够正视不受自我控制的因素,训练应对逆境的方法,学会调整心理状态。另一方面,在比赛中获得不一样的成就感,同时这种成就感与自我认同感也能培养孩子坚持到底、顽强拼搏的意志品质。

2.提升逆商,提高抗挫折能力

逆商是指摆脱挫折、永不言败的坚定品格,完成既定任务的意志品质。作为一种非智力因素,其潜藏的力量对于青少年的作用和意义是不可估量的。

一般来讲,决定成败有四个要素,即能力要素、努力要素、任务难度要素和运气要素。而能力要素和努力要素属于内部要素,其中能力要素是相对稳定的。青少年在面对挫折时,如果将失败归于能力要素,则会产生消极的影响,失去成功的信心。而正确的归因能提高青少年的动机水平,让自己产生新的希望和成就动机,从而改变行为方式,奋发向上。青少年应有意识训练自己的逆商思维,学会在逆境时冷静归因,找到解决问题的有效途径。也可以通过阅读名人传记,从感悟和理解名人战胜挫折达到成功的事迹中寻找力量,增强进取心,使消极情绪向良好的方向转化。

3.提供挑战,锻炼独立性

给孩子提供一些适当的挑战,这些挑战可能超出了他们目前的能力范围,但有助于孩子发展自我管理、自我控制和自信心。家长在生活中给孩子设置一些自我独立的情境和机会，譬如低年级的孩子可以独自坐公交或地铁上下学、独自购买学习用品；高年级的孩子独立去参加冬夏令营、独自准备晚餐等。给孩子创造与朋友相处的独立时间和空间，当孩子最终克服障碍时，他们会感到更有信心并愿意接受更多的挑战。家长在这一过程中要注意给予孩子更多的鼓励，当孩子表现出意志力时，一定要给予肯定，这种积极的反馈会鼓励孩子在未来继续努力。独立性的提升将帮助孩子理性面对学习、生活中的各种挑战和不确定性，把这些挑战转化为一种激励。

（三）行动力提升

1.激发远大理想目标对行动力的感召

有些孩子在行动中遇到困难时就畏惧不前。事实证明，态度越积极，越可能坚持行动；成功欲望越强烈，行动力越强。面对困难与失落要及时调整状态，通过重温自己的远大理想，回顾自己的目标，用理想目标激发自己的行动力，保持继续奋斗的积极心态。积极的心态可以将行动过程中挫折事件造成的负向影响降低，不会让自己沉浸在消极情绪中一味地悲伤或者逃避，通过发挥个体主观能动性，激发自身潜力并能时刻保持积极状态，并培养自身高效能行动力品格。

在确立目标和决定行动阶段，青少年在如何达到目标这个问题上往往有较多规划，而在为什么要达到目标这个问题上思考不足。当青少年遇到困难和挫折时，就会陷入自我疑惑而可能选择放弃。行为科学研究证明：人不会为一件连自己都不知道有什么好处的事情持续不断地努力奋斗。因此每设定下一个目标，尤其是具有挑战性的目标，请务必列出要实现它的理由或好处，而且好处越多越好，越清楚越好。因为对自己没有好处的目标，潜意识会认为没有必要为它做出太多的努力，而常念实现目标的好处和理由，行动力越容易被激发和召唤。

2.通过情绪管理，提升动力

良好的情绪管理能力不仅可以帮助调节和缓解压力，同时也有助于理性地处理面对的各种问题，通过情绪管理可以提升行动力。同样的事情，由于认识、理解和价值判断不同，所产生的情绪就不一样。青少年可以通过情绪管理能力，对情绪进行控制和调节，平衡正面情绪和负面情绪，不强行压抑自己，也不放任自己的负面情绪。

可以转移注意力，运用其他情绪来代替现有的负面情绪。可以做一些放松技巧，比如运动、唱歌、深呼吸、大笑等都可以让自己的心情平复，减轻压力和焦虑，从而更好地应对负面情绪。也可以做一些思维运动，比如“我可以从中学到什么”“我可以如何应对这种情况”等，以帮助自己更好地理解和解决问题。

积极自我暗示可以带来积极的情绪体验，避免消极情绪的困扰，改变情绪状态，增强情绪能量。比如，清晨对着镜子给自己一个微笑，睡前可以默念几声甚至大喊“我很棒”来鼓励自己；行动开始前可以告诉自己这是个好的开始；行动取得进展可以告诉自己有进步就意味着更靠近成功；遇到困难时告诉自己“我一定能克服困难”“我一定能渡过难关”等。

三、行动原则

(一)全力以赴

不论任何目标，如果想完成，必须全力以赴。做到全力以赴，要摒弃两种想法。一种是试试看的想法。如果遇到一丁点挫折和打击，遇到一丁点不如自己意愿的事情就想要放弃，就去改变计划和方向，或重新选择自己的目标，那么对待自己的目标仅仅是抱着试试看的态度，而不是把自己的热情快速地传递出去，不是把自己渴望成功的念头强烈地表现出来。另一种是尽力而为的想法。志向的实现，目标的达成，是意愿、方法和行动的结合。尽管每个人都有成功的意愿，但是意愿的强度却是不同的，意愿的强度与行动力成正相关。实现目标的意愿越强，越能努力行动，越可能在困难的时候坚持行动，只有全力以赴，才是通往成功的道路。

(二)注重效率

效率原则，意味着我们在做任何事情时要认真对待，要合理规划和利用时间，注重质量和效率。只有注重效率，我们才能更快地完成任务，更有效地处理问题。提高孩子的行动效率可以通过以下方法：一是让孩子制订行动计划和时间安排表，了解每天要完成的任务和时间，学习如何在规定的时间内完成任务；二是给孩子提供清晰的指导，当孩子不知道该做什么或不清楚该如何做时，效率会下降，这时需要父母提供指导以帮助孩子更快地完成任务；第三是给予奖励和赞扬，当孩子完成任务时，给予他们适当的奖励和赞扬，让孩子意识到自己的努力和付出得到了认可，进而更加努力和高效地完成任务；第四是和孩子一起保持健康生活方式，健康饮食、充足睡眠和适量运动等，有助于保持良好的精神状态，有助于提高孩子的行动效率。

（三）调整修正

志向和目标可以修正，计划和行动也要在实践中适时调整修正。外国有句谚语：目标刻在岩石上，计划写在沙滩上。中国俗话说："有志者立常志，无志者常立志。"也就是说可以修正计划，修正行动，但是不能轻易改变目标。如果随便改变目标，我们就会离成功越来越远。

修正行动的前提是总结经验。根据阶段行动的结果，或是阶段性的成功，或是阶段性的失败，去判断自己是不是使用了正确的方法、朝着正确的目标前进。如果是，就继续行动；如果不是，就迅速调整计划、修正行动。绝大多数成功者都遭遇过失败，也有一部分人可能正在经历阶段性失败。失败并不可怕，找出问题是失败的意义所在。所以刚开始行动时，不用太在意每一个行动步骤的结果，摸索试错的过程是必须经历的。不能因为害怕出错，害怕得不到好的结果，就不去行动。计划一些小的行动步骤，立即行动，对行动的结果进行总结，调整行动计划，立即进行下一轮行动，很快就能发现什么是有效的行动。一次有计划的行动，一般按照"计划→执行→检查→改善"的顺序进行，在这样的循环中不断向前推进，找到比较有效的方式去实现目标。

第五章　坚持行动

坚持是一种无形的力量，约束个人行为，使得个人可以长期进行某项活动。坚持行动是家庭励志教育科学体系中的重要模块，将规划的行动长期坚持下去，需要持续的动力和方法的准备。在思想层面，做好充分的准备，对行动有清晰的认知，完全理解并认同行动的价值与意义；在心理层面，从成就感、自我效能感、愉悦感三个方面充分调动心理驱动因素，为坚持行动提供充足的心理能量；在方法层面，通过具体的方法、习惯养成以及寻求外界支持等策略，提高自己的行动效率。

一、坚持行动的思想准备

（一）明确态度

态度是个体对行动持有的一致且持久的心理倾向和行为倾向，是坚持行动的潜在原因，也是个体的内在驱动力。学者们提出态度由认知、情感、行为倾向这三个成分构成。从认知层面上看，态度是个体对所坚持事件或行动有充分的理解，依据自我的认知和理解进而对行动做出价值方面的判断。因此，积极的态度是开始行动的关键。从情感层面上看，态度是个体对于坚持行为的情感反应，或是因为热爱而变得更加投入或是因为厌恶进而选择逃避。因此，能否投入行动同样受到态度的影响。从行为层面上，态度是在认识和感受基础上，对于未来行动所表现出的选择，即是否继续坚持行动还是放弃行动。可见，继续坚持行动同样受到态度的影响。

青少年在行动过程中要端正态度，充分调动自我认同感，通过积极思想的指引不断强化行动的持续动力，通过养成良好的行动习惯塑造自身的行为品质。通过积极思维调动自我主观能动性，激发自身潜力并能时刻保持积极向上、蓬勃发展的状态，形成积极奋进、自我要求向上的行为品质，有助于青少年遇到困难不畏惧，迎难而上，为自己的目标而奋进。因此，家长要注意创设有利于产生积极态度的情境，让行动在积极的态度中得以坚持。

（二）审视目标和反思行动

审视目标能保持行动方向正确，不断提醒自己“不忘初心”。我们在第三章讨论过，目标确立后，还要进行目标分解和目标完善，对目标的修正就是在行动过程中完成的。一方面，行动过程中的积极反思能帮助自己及时对目标进行调整，在行动中遇到问题时，不妨“回头看”，认真审视目标分解是不是合理，是否需要完善目标。如果是分解后的目标过高或不合实际，可以及时调整。如果阶段性目标已经实现，可在现有行动结果基础上，对目标进行再分解。另一方面，在行动中出现退缩情绪时，通过自我反思，主动去理解和分析眼前的困难，重新审视行为过程，评估阶段性行动结果。在顾及长远目标的基础上，对当前行动进展进行总结，使行动方向与预期目标一致。当行动结果与原有目标发生偏离时，及时对行动进行灵活调整与修正。

（三）了解行动的周期规律

做好思想准备，了解坚持过程中可能遇到的困难，了解坚持行动的周期规律。坚持做一件事不容易，坚持一项行动也难免会经历从新鲜感到产生疲惫感的过程，会有情绪的低落以及心境的疲惫，特别是面对压力或困难的时候，会逐渐缺乏积极性，进入倦怠期。如果个体在行动前就在思想上有充分的准备，并且对自己有清晰的认识，在长期的坚持过程中会通过不断地反省自己和调节自己，对于度过倦怠期，坚持行动有特殊的意义。

应对倦怠期的思想准备首先包括应对压力。要积极面对心理上可能出现的倦怠和压力，保持阳光心态。当压力出现时，积极面对，客观分析压力源，寻求缓解的途径和方法。当压力无法缓解时，学会适当放松与调节，能使行动更有效率地完成。其次是关于动力。从行动的意义和自我价值感出发，感受坚持带来的喜悦，找到动力应对疲惫感，度过倦怠期。最后是学会自我评价。充分了解自己，清楚自己的优点，同时也需面对自己的不足，在不断地对自我评价中，逐步对自己有清晰的认识。

二、坚持行动的心理能量

坚持行动的过程会遇到延续不断的各种压力，如果个体不能有效地应对，就会产生精神疲惫和情绪低落的状态，这就需要调动心理驱动因素，缓解行动倦怠。

（一）建立成就感

通过让自己不断体会坚持带来的成就感来鼓励自己。不断的成功体验会让坚持顺理成章，让自己主动积极投入到行动中去，面对困难时能够投入更多的努力和时间。

成就感的来源一方面是坚持行动本身给个体带来的满足感。在起始阶段，能够拒绝拖延，开始行动并坚持下去，坚持的意义本身已经超越了结果，能够给自己带来一定的成就感。随着行动的延续，通过自己的努力，克服了一些困难，解决了问题并取得一点进步，哪怕是一点小的成绩，也能给自己带来精神上的安慰和鼓励。个人的期待得到实现，更容易产生成就感。这就需要观念层面对成功有正确的认知，同时对具体行动的期待要切合实际，这在第二章“认识志向”中有所讨论。远大的志向能够增强个人的目标动机，在不断实现自我目标的过程中，辩证地看待阶段性的结果也能够减少过程中的挫折感，阶段性的成就感可以强化个人对于目标的感知，削弱倦怠心理和行为。

另一方面是通过坚持行动所获得外在的积极评价。来自他人的认可是体现成就感的一个重要方面，如果个体在坚持行动的过程中能得到各方的认可与尊重，则能更好地实现自我价值。自我决定动机理论认为，个人对自己完成任务的能力与行为水平会受到他人的影响。尤其是对个体而言十分重要的人，如果他人能够给予鼓励性的行为，那么个体就容易对自己充满自信并坚定自己的行为。家庭作为孩子成长的重要环境，家长作为孩子成长过程中的重要人物，需要关注孩子的行动目标与行动进展。家长通过给予孩子关怀、理解和尊重，给予支持和鼓励，可以帮助孩子增强信心。

（二）提升自我效能感

心理学研究证明，确立目标后付诸行动时，总会遇到这样那样的困难，有的人能及时做出决定，坚持到底；有的人可能会选择逃避，畏缩不前。这种差异的来源于自我效能。心理学家班杜拉（Bandura）首先提出“自我效能”这个概念，认为“自我效能”是个体对自己在一定水平上完成某一活动所具有的能力判断、信念、自我把握程度。“自我效能”是影响个体行动的关键心理因素，是个体对自己是否有能力完成某一任务所进行的主观判断，包括对自我所具备能力和信心的评估。个体主观预判的结果将直接影响其接下来的行为，如果个体能预测到继续坚持行动将会导致预期目标得以实现，那么这一行为就有可能被激发、被强化，并得以坚持。

个体在坚持行动过程中，自我效能感高体现为倾向于想象与成功有关的活动场面，将更多的心理资源投入到对问题的解决上，使身心处于积极的状态，不畏挫折，不会因一时的失败而自我怀疑，不会轻易放弃，而是会相信自己，勇敢面对，在不利条件下执行任务更具有持久性；自我效能感较低则表现为经常联想到失败的画面，倾向于避免困难的任务，把潜在的困难想象得更可怕，注意力较多地关注到可能出现的失误上，容易产生自我怀疑，进而低估自己的能力，从而进入消极情绪中。而这种情绪状态将进一步削弱自己的行动力。可见，“自我效能”影响着个体对行动的选择、坚持和努力的程度。

提升自我效能感，一是需要个体根据实际情况设置阶段性、个性化小任务，对行动进行阶段性的评估，完成任务的积极性、完成任务的满足感以及获得相关成功经验，都能够让自己体验成功的快乐，进而降低对于坚持行动的倦怠状态。二是需要提升自我相应的技能，从而更有信心行动并坚持下去。想要实现目标，满足自己的成就感，就需要努力提升能力去超越现状。通过不断提高自己的技能和经验，可以更好地应对这些挑战，并在行动中取得更好的成绩。三是需要学习榜样的替代经验。通过树立榜样，观察榜样成功的行为、经验、结果等，来获得间接经验，将自己与他人的行为进行比较从而建立信心，获得自我效能感的提升。

(三)体验愉悦感

愉悦感是一种情感因素，是个人在完成任务或者在做自己认为有意义的事情时所体验到的快乐和满足，愉悦感通过对快乐或不快乐的体验和期望来影响行为。拥有快乐的体验可以满足个人的心理需求，极大地帮助自己坚持行动。

一是在行动过程中找到适合自己的策略，让自己的活动在可控的范围内，进而在行动过程中感受到愉悦。比如坚持外语口语练习这项行动，可以根据自己的喜好倾向，选择适合自己的方法，辅助使用相关的 App，参加学习朗读打卡，参加英语角口语活动等，使坚持的过程更有趣味，避免枯燥。比如要坚持锻炼这项行动，可以选择合适的工具和设备，如听音乐、穿舒适的服装，也可以适时更换场地等，让自己在行动过程中更轻松、更愉悦，提高行动过程中的效率和舒适感。

二是调节情绪。任何一项行动的坚持，过程都是充满挑战的。让自己在坚持过程中保持积极乐观的情绪，是保持愉悦感的一种方式。积极情绪越多，拥有的心理能量和心理资源越丰富，这些资源又能为个体提供良好的氛围，促使其更好地投入到行动中。人在积极情绪下行动，往往具有更大的注意广度，思维活跃且精力充沛，更具有灵活性和创造力，能保持良好的心理状态，也伴随较高的愉悦感。

三是获得他人的认可。有研究表明，个体越能感知到外界对自己的支持与认可，就越能积极进取，能够自信地应对过程中遇到的问题，体验较强的获得感和幸福感。如果在支持和认可之外，还能得到他人的帮助和鼓励，则能拥有更多的积极情绪，感受到轻松和愉悦。

三、坚持行动的方法准备

将行动长期坚持下来是一件困难的事情，坚持行动也有一些方法，以下几个方法有助于实现这一目标。

(一)行动的可视化管理

坚持行动过程要利用好行动计划表和执行情况记录表，进行行动的可视化管理。在确立目标之后，应该制定行动计划表，将计划中的行动具体化，明确具体的行动步骤和实现目标的时间进度，这样可以让自己更加清晰地知道自己什么时候要做什么，要坚持多久能达到目标。按照这样的计划表行动，不会盲目，更有方向性。阶段性行动计划应注意：一是时间不宜过长，以学习计划为例，设置的周期应小于一个学期，可以每个学期作为时间节点，来设置自己的目标和行动计划；二是设置的行动目标要合理，达不到可能会挫伤自信心，难以坚持；轻易能达到的目标可能导致行动中断，没有坚持的意义。

同时，利用好记录执行情况表。如果是短期目标，就将自己每天执行计划的情况记录下来，可以帮助自己更好地掌握执行情况，并及时发现问题和调整计划。如果是长远目标，就按照稍长一些的时间跨度来记录执行情况，比如以月为单位，以季度为单位，以年为单位，长期记录执行情况，把行动记录整理成数据，能够帮助自己了解行动进展，有助于详细掌握自己的动态。在目标达成前，这种行动记录可以作为自己行动的检查和校验，如果发现自己有松懈的趋势，要及时调整心理状态和调整行动安排，如果一段时间内坚持行动，达成目标，要给自己适当的奖励。这种可视化管理能增强自信，保持持续的动力。同时，能看到自己的进步与付出，越接近目标，越愿意克服困难坚持下去。

需要注意的是，家长在制订计划表与记录执行表这两件事上应该充当陪伴者与引导者，而不是制定者与管理者。一些家庭的案例给我们深刻的启示，孩子在坚持行动上，家长参与的方式不当可能会阻碍孩子发挥自主性，最后导致失败。很多孩子不认可父母给他们制订的计划，也不喜欢父母督促他们的方式，然而这个在大多数的家庭中不被重视的问题，最后可能导致孩子对某个行动计划彻底丧失坚持的欲望，对这项活动失去兴趣，甚至反感，到最后不得不放弃。

(二)建立良好的习惯

逐渐将计划中的行动变成自己生活中的习惯，形成习惯后，执行计划中的行动将变得更加自然和轻松。习惯养成具有阶段性特征，一般经历三个阶段。第一个阶段(1～7 天)表现为对行动计划的反抗情绪，在行动过程中容易放弃。在这一阶段需要注意，对于行动的计划要简单易执行，可以从最简单的要求开始，应该关注已经开始行动这件事本身，不要过于关注结果。利用执行表记录自己的行动，将坚持的过程进行记录，将坚持的结果呈现出来，既是对自己的鼓励也是对自己的督促，如果效果不满意，进行反思分析原因。第二个阶段(第一至三周)表现为行为的不稳定性，容易受到外界因素的影响。在这一阶段需要注意，可以设定例外的规则，遇到特殊情况允许自己灵活处理。比如，有偶发事件影响了行动的持续进行，可以换其他方式补偿行动或其他时间进行行动，但要将计划的可调节幅度限定在一定范围内。在这一阶段，可以给自己设定一些奖惩原则，比如每坚持一周，适当给自己一些小奖励，以激励自己更好地保持习惯。如果有想放弃的想法出现，给自己一些形式的惩罚，通过适当的奖惩来强化自己的行动。第三个阶段(第四周)表现为对坚持行动的厌倦感，容易受到倦怠情绪的影响。在这一阶段需要注意，可以适当给自己添加一个新的行为习惯，转移一下自己的注意力，增加新鲜感，摆脱一成不变的感觉。

(三)寻求支持

坚持行动需要耐心和毅力，但是在执行过程中也会遇到挫折和困难，不要过于苛求自己,适度缓解心理压力,可以适当休息和调整,保持健康的心理状态,重新开始执行计划。通过寻求外界支持,也可以缓解压力,确保行动计划的持续。

一是通过公开自我承诺,以主动寻求外界监督的方式,以外部环境和心理暗示来促进行动持久性。主动跟家人、朋友交流自己的计划和行动,定期分享自己的成果,请他们来监督自己的进展,主动营造一个良好的外部环境,可以帮助自己更好地了解自己在行动过程中的表现,有利于自己坚持行动。

二是通过同伴互助,培养积极的同伴关系,建立起自己的支持系统。比如组建或加入行动小组,这样可以认识更多志同道合的人,为自己提供支持。同伴之间既可以互相督促,更好地管理时间,也可以与其他参与者分享经验和知识,讨论如何更好地完成任务,实现自己的目标。通过小组成员间互相鼓励、劝告、指导、交流等改变消极态度,发挥个人的主观能动性,在集体中获得更多的满足感和自豪感。

第三篇　实践与应用篇：励志教育的家庭支持系统

励志不是孤立的行动，家庭励志教育也不是一个封闭的系统，励志教育本身离不开家庭成员全面的支持。本篇从构建励志教育家庭支持系统出发，探讨励志教育的实践与应用方法。

从励志的外部环境出发，探讨如何营造良好的家庭环境，如何发挥家庭正能量，也分析了家庭励志教育对家长提出的新要求。

从励志起点出发，探讨如何发现孩子的兴趣，引导孩子将兴趣发展为志趣最后上升为志向，以及如何认识、培养、坚持和发挥孩子的强项。

从励志素养需求出发，探讨家庭励志教育应该着重培养孩子的四大习惯与四种素养。

从励志需要的方法出发，探讨如何使用家庭赏识与激励两种方法。

第六章　环境与能量

励志教育是一个系统工程，家庭是孩子励志教育中的重要环境。包括物理环境和心理环境，能够满足孩子生活、学习必要的物质条件和适合的场所是物理环境，良好的家风、融洽的家庭氛围是心理环境。励志教育要在良好的家庭环境中进行，在良好的家风中，设立家庭共同目标，在子女追求志向的道路上，全家人共同行动，父母不能置身于外，子女的成长与追求需要父母的爱、支持与陪伴，每一位家庭成员都要成为积极的一分子，为了同一个目标而一起努力。

一、家庭环境与氛围

（一）营造良好家风

家庭是孩子的第一所学校，父母是孩子的第一任老师。家风是一个家庭传统的风尚或作风，是家庭文化的延续。在家庭这所"学校"中，家风是一种潜移默化的教育，体现的是父母言传身教、身体力行的榜样示范，是子女内化为自身做人行事的准则。在良好的家风传承中进行子女的励志教育，有利于培养子女的品德素养、志向追求、习惯养成等道德情操。父母如何营造良好的家风呢？

首先是言传身教。父母的示范效应在潜移默化地改变孩子行为，塑造着其积极的人格和高尚的志向追求。关于"言传"，一是父母要清楚在家庭教育中对孩子"言传"什么。给孩子讲中国传统优良家庭文化，历史上名人的家风传承故事，身边优秀榜样的家庭家风情况，让孩子充分了解中国传统家风以及传统家庭美德，了解家风的传承需要一代代人践行，从小就形成良好的家庭观念以及知礼仪、守礼仪的美德。结合励志教育，给孩子讲优良家风传承下中国古代少年立志的事例，比如明代著名哲学家、教育家王阳明在父亲的影响下从小就树立起"读书做圣贤"的宏伟志向；清代贤相张鹏翮少年时期就在父亲和老师的引领下，立下"一介不取，淡泊明志”的人生志向。二是父母要如何“言传”。父母需要做足功课,平时注意从各种渠道收集优良家风故事;另外要选择合适的时机给孩子讲授,有助于孩子更好地理解;还要注意只有反复教导才能形成良好习惯。

关于“身教”,就是要在平常生活中发挥榜样作用,教孩子文明的语言与良好的习惯。一是亲身示范。父母平时生活中的行为示范,能够“润物细无声”,让孩子看到父母身上的好习惯,模仿进而内化为自己的好习惯,就是最好的家庭教育方式。父母要以身作则,严格要求自己,注重自己的言行,成为孩子的表率。比如想让孩子养成爱阅读的习惯,自己首先坚持读书,先把读书变成自己的习惯,在这样的环境中孩子自然会把读书当成生活中必不可少的事,习惯自然养成。二是陪伴坚持。在亲身示范的同时,带着孩子一起坚持,好习惯是生活中的坚持,比如和孩子一起读书,陪孩子一起运动,这种陪伴能够鼓励孩子,把这些好行为变成好习惯。三是知行合一。教育家陶行知倡导“生活即教育、社会即学校”,提倡教学做合一。让孩子多参加实践活动,在生活实践中感悟,多为孩子创造独立解决问题的环境。优良家风的传承离不开父母的教导,同时要靠家庭全体成员的践行。

(二)设立家庭目标

家庭教育目标非常重要,励志教育必须树立家庭目标。家庭教育目标能够提升全体家庭成员的责任感与使命感,同时子女也能获得认同感。父母让孩子参与到家庭教育目标的讨论之中,让孩子感受到父母对子女的重视,对子女意见的尊重,感受到自己作为家庭一员的责任感。责任感能激发子女对家庭的责任,多参与家庭事务,也能激发子女完成自我目标的使命感,对自己负责,进而积极践行目标。

家庭教育目标能够引导以及影响孩子个人目标的设定。家庭教育目标反映了家长对子女的期望,这种期望通常在生活中以多种形式体现出来,比如暗示、引导等。孩子接收到父母的期望信息,能够增强亲子关系,积极设立自己的个人目标进行回应。同时父母的期望也进一步激发子女积极追求自己的目标。但要注意父母的期望不能脱离现实,不能脱离孩子实际,如果过高或脱离实际,使孩子屡受挫折,反而会对子女产生消极影响。父母的主观意愿不能强加于子女身上,父母切合实际的期望才能形成合理的家庭教育目标,进而在子女自愿努力中实现家庭教育目标与子女的个人目标的结合。

家庭教育目标能够督促家长陪伴和帮助孩子实现其个人目标,在这个过程中增强孩子的力量与信心。孩子个人目标是家庭教育目标的重要组成部分，既是孩子个人的追求，也是全家人一起努力的动力。一个人追求目标的过程不会一帆风顺，孩子遇到困难和挫折的时候需要家长的鼓励与陪伴，家庭教育目标的确立也能树立家长的教育信心，在规划与调整教育目标的过程中家长也能自我提升，督促自己对孩子多给予关注、关心、陪伴、帮助与鼓励。孩子能从家庭中获得自信与力量，父母的爱是个人实现目标的最强大支持。

确立和实现家庭教育目标的过程是家长与孩子共同努力、共同成长的过程，有利于和谐家庭氛围和良好家庭关系的建立。父母要陪伴孩子，与孩子并肩而行。当孩子遇到困难时，和孩子一起去面对，帮孩子分析问题；当孩子退缩时，和孩子一起应对，去挑战困难。当孩子进步时，鼓励孩子继续前行；当孩子犯错误时，耐心教导，帮助孩子改正。和孩子共同成长是实现家庭教育目标唯一的途径。

家庭教育目标从时间上可以有短期目标和长期目标，从内容上可以有德育目标、智育目标、劳动教育目标及其他素养教育目标。孩子处于发展变化中，性格、爱好与能力特点还有不稳定性，所以家庭教育目标也应该适时调整。但是无论哪种目标，都是父母与孩子共同讨论的结果，目标设立后全部家庭成员共同去努力创设一些生活场景，寓教于日常生活中。

（三）创造家居环境

好的环境能带来好习惯。作为孩子生活的第一场所，丰富的家居环境可以给予孩子大脑更多刺激，让孩子的大脑充分发育，更加聪明。家庭环境的整洁度和孩子的心理健康息息相关，整洁的家居环境可以调节孩子情绪。如果生活在一个杂乱无章的环境里，孩子很难集中注意力，容易思维混乱、心情烦躁，进而影响孩子的情绪和思维。家居环境中物品的选择与摆放也影响孩子动作能力发展。家居物品，比如桌椅的高度影响孩子的坐姿，家居的摆放设计也关系到孩子的活动空间，这些在很大程度上会影响孩子的动作能力发展。家居环境影响孩子饮食、卫生、阅读、整理等各方面习惯的养成，因此，创设温馨良好的家居环境能够润物细无声地影响孩子。

家居环境中最重要的就是书房。“饮冰室”是梁启超于 1924 年在天津建的一座书斋，用以收藏天下之好书。受“饮冰室”的影响，梁启超的子女都爱上了读书。在“饮冰室”数十万本书的滋养下，梁启超九个子女，个个有所成就。梁启超本人也非常重视家庭教育，也是最早关注儿童启蒙教育的教育家之一。他不仅亲自为爱女思顺授课，还为爱女的书房取名“艺蘅馆”。

现代家庭越来越重视孩子的书房，越来越多的家长认识到最好的学区房就是家里的书房，最好的家风，是有读书传统的家风。有条件的家庭要为孩子设立专门的书房，没有条件的家庭也可以为孩子布置一个读书角。书房或读书角的设立，首先要布置适宜的书柜或书架，根据孩子的兴趣和成长需要选择适宜的书籍，书籍的摆放要有顺序，清晰合理，方便孩子取阅。在书柜或书架的使用上，要教会孩子爱护书籍，放回原位，保持整洁和秩序，既能帮孩子养成定期整理书架的习惯，也能锻炼孩子的动手能力。孩子上学后，学会自己将各个科目的书籍、笔记等分门别类摆放好，不要在混乱的书堆里面找书和作业，这也是提高学习效率的方法之一。其次，要配备适合孩子的书桌，书桌是读书的地方，一个优雅宁静舒适的气氛很重要。干净的桌面可以布置一小盆绿植增添气氛。在孩童阶段，也可以直接在书房地面铺上柔软的地毯，还可以搭个有趣的小帐篷，给孩子布置一个属于自己的读书小天地，让孩子爱上这个环境，这有助于孩子养成读书的好习惯。再次，环境要相对安静，光线要充足，要温馨，能够让孩子专心，不受打扰，让孩子愿意在这里读书、学习、完成作业。最后，书房里应摆放一个时钟或闹钟，既能够从小培养孩子的时间意识，也有助于孩子规划完成作业，比如做数学题，给自己规定习题完成时间，不浪费每次做作业的机会，这个好习惯能提高解题速度和学习效率。

（四）创设励志环境

在家庭明显位置贴上励志类的名言警句，最好与艺术作品相结合，比如书法作品。作为家庭装饰既烘托了家庭积极向上的氛围，又具有长期提醒孩子的作用，使立志与追求志向深入孩子思想。选择名言警句要注意：一是这样的名言不宜过多，但一定要有；二是不要选择超出孩子理解能力的励志名言警句；三是随着孩子年龄的增加和心智的成熟，励志标语可以随时更换以便适应不同的成长阶段或与不同的短期目标相对照。比如“一寸光阴一寸金，寸金难买寸光阴”（《增广贤文》）、“有志者事竟成”（《后汉书·耿弇列传》）、“志当存高远”（诸葛亮《诫外生书》），这些简单易懂的名言警句比较适合低年龄段孩子的家庭；而“燕雀安知鸿鹄之志哉？”（《史记·陈涉世家》）、“天行健，君子以自强不息”（《周易·乾·象》）、“志不强者智不达”（《墨子·修身》），有一定古文基础的孩子才能理解，比较适合孩子稍大一些的家庭。而“业精于勤，荒于嬉”（韩愈《进学解》）、“会当凌绝顶，一览众山小”（杜甫《望岳》）、“古之立大事者，不惟有超世之才，亦必有坚忍不拔之志”（苏轼《晁错论》）、“锲而不舍，金石可镂”（《荀子·劝学》）、“精诚所加，金石为开”（《后汉书·广陵思王荆传》）这样的名言警句适合在孩子追求目标某一阶段遇到挫折时进行布置，能够鼓舞孩子的士气。也可以在孩子的起居室张贴自己的目标以及实现目标的好处。目标用来提醒自己，总结实现目标的好处，张贴在书桌上方墙面，用来鼓舞自己，坚定自己的目标。

励志的家庭氛围不仅包括家庭装饰，还在于家长的导行。梁启超在家书中曾告诫子女“处忧患最是人生幸事，能使人精神振奋，志气强立”，认为安逸的环境容易使人丧失斗志，逆境则能激发人的斗志。他在其子梁思成学成归国之际，鼓励他“有志气的孩子，应该往吃苦路上走”，鼓励他到刚刚成立的东北大学，在相对艰苦的环境中磨炼意志和能力。这也给当今的家庭教育以深刻的启示，应该在生活中锻炼磨砺孩子，使他们具有坚强的意志品质。家长应该以启发者和引领者的身份，引导孩子自觉参与，营造应对挫折的教育环境，有计划地让孩子经历真实的艰苦环境的磨砺，有意识地让孩子经历逆境、挑战困难；在生活中教孩子学会劳动，掌握劳动的技能，通过劳动锻炼意志品质。

二、家庭能量与行为

在一个家庭里，父母具有积极的心理品质，孩子的心理品质也自然会受到积极的影响。充满焦虑和悲观情绪的家庭，很难培养出自信乐观的孩子。想让孩子成为乐观向上的人，父母本身就要具备这方面的品质。

（一）成为积极的家庭成员

父亲和母亲是家庭教育中的两个核心角色，两者在子女成长过程中的分工协作关系决定了一个家庭的教育能力和水平。在家庭教育上出现问题的家庭，有很大一部分原因是没有构建起和谐积极的父母亲协作关系。

1. 积极的父亲角色

陪伴是对孩子负责的一种体现，父亲应该担负起陪伴与教育孩子的责任。然而国内有相关调查发现，父爱缺失是家庭教育中普遍存在的现象。受传统思想影响以及现有家庭分工的不同，父亲在家庭中陪伴子女的时间相对较少，多数家庭父亲在家庭教育中的角色处于缺失状态。《2018年中国家庭教育现状调查报告》显示，在中国家庭教育分工中，母亲唱主角，父亲缺位近一半。实际上，父亲角色在家庭教育中不可或缺，父亲的形象对孩子的性格与志向追求都有深远的影响。

父亲与母亲在性别角色与行为方面对孩子的影响是有差异的。正是在这两个角色的衬托和对比之下，孩子才会更好地理解男性和女性的含义，孩子的性别角色才能健康、顺利地形成。父亲的言行为男孩直接提供了榜样，父亲的严格要求会使男孩学会审视自己的行为、学会承担责任，男孩也会更好地从父亲那里观察、模仿男性的语言和行为，日渐表现出男子汉气概。一个积极的父亲往往是男孩效仿和超越的目标，通过努力让自己变得比父亲还要优秀；而父女的相处方式影响了女孩与其他异性相处的方式，良好的父女关系更有利于培养女孩子的女性气质。

孩子的性格主要是通过与父母的互动逐渐形成的，但父母在塑造孩子性格的过程中，各自的影响是不同的。在家庭活动中，父亲大多喜欢和孩子一起玩运动性与智能性较强的游戏，并以男性固有的特征，比如果敢坚毅、合作进取、规则意识、责任意识、喜欢挑战等，鼓励孩子勇敢探索、独立克服困难。父亲与孩子的这些互动更容易引起孩子的好奇心，思索自己的目标、对目标的信心和坚持的勇气，促进了孩子的外向发展，这些特征与励志教育的方向是一致的，家庭励志教育中父亲的参与是不可或缺的。

陪伴和教育孩子，是每位父亲义不容辞的责任。父亲首先应该明确自身作为孩子的养育者和教育者的定位与责任，明确自己在家庭教育中的分工和职责，做一个积极的父亲。首先要高质量地陪伴孩子，在孩子身边时，放下烦心事，放下工作事务，放下手机，专心陪伴孩子一起玩，在玩的过程中发挥男性的创造力，唤起孩子的积极性；长期不在孩子身边的父亲，要多关心孩子的成长，学习不在身边胜似身边的陪伴方法，经常打电话、视频通话或者其他现代化的通信方式和孩子经常沟通，保持亲密关系。其次是自己要加强学习，主动学习教育学、心理学以及家庭教育等相关知识，积极探索养育子女的新方法；与其他家庭成员，特别是孩子母亲多交流多沟通，构建和谐的父母亲协作关系；与其他家庭多分享，在沟通中能够更新自己的教育理念。最后，与孩子一起运动，多带孩子参加活动，孩子的重要活动不缺席，在这些活动中帮助孩子开阔视野，也帮助孩子更好地认同自己。

2.积极的母亲角色

一般来讲，母亲的情感较之于父亲更丰富细腻，对孩子的行为观察比较细致，比父亲更了解孩子的心理需要，母亲的感性使得她们在家庭教育中给予子女更多的关心与爱护。母亲在家庭琐事、生活细节中的身体力行，在为人行事的过程中循循善诱，在孩子遇到挫折时的陪伴与鼓励，用母亲的智慧和心胸去滋养孩子的心灵。千百年来，在中华民族的传统文化中，母亲在家庭教育中承担着重要的角色，中国古代“孟母三迁”“岳母刺字”等美谈传颂至今，正说明母爱的伟大与母教的重要。母亲的道德素养直接影响着孩子的品行。著名教育学家苏霍姆林斯基也对母亲在家庭教育中的作用给予了肯定，他认为：“孩子道德发展的源泉在于母亲的智慧、情感和内心的激情，人在自己的道德发展中变得如何，决定于有什么样的母亲。”母亲的价值观与道德素养，能在言传身教中为孩子注入正能量。

首先，母亲要善于管理自己的情绪，遇事平静、淡定、不急躁，做孩子心灵的加油站，做孩子避风的港湾。孩子的安全感很大一部分来源于母亲，母亲和孩子之间天然的紧密关系，决定了母亲的情绪会带给孩子不可避免的影响。孩子在漫长的成长过程中总会出现各种问题，面对孩子的各种状况，母亲不要着急发脾气，应该静心与孩子沟通，遇到孩子犯错时，耐心地与孩子一起分析，从而让孩子认识到错误所在，进而改正。母亲温和淡定，在遇到挫折的时候，孩子才愿意主动在母亲那里寻求帮助；反之，有一部分母亲，缺乏正确的子女教育观，性格急躁又不知道隐忍，对孩子随意呵斥甚至打骂，长此以往，母子交流沟通变得困难，孩子不愿意和母亲说心里话，也不愿意去母亲那里寻求帮助。

其次，母亲要有强大的心理能量，不焦虑，不盲目拿自己的孩子与别人家的孩子进行比较。母亲的焦虑，会导致孩子患得患失，一遇到竞争就回避或退却，不利于孩子抗挫折能力的形成。孩子的神经系统还没有发育成熟，长期处于紧张和被催促中，很容易影响孩子的心理健康，也会给身体健康带来不良影响。

最后，母亲要有积极的养育智慧，适当放手，让孩子独立自主，体会对自己的掌控，培养孩子的责任心与自我管理的能力。在与孩子相处的过程中，母亲要对自己的角色功能定位清楚，不能错位，要知道自己不是保姆或监工，不能代替孩子规划生活，因为这样做只能适得其反，容易让孩子产生依赖，失去自己解决问题的满足感和自信心。母亲可以适当地在孩子面前示弱，不要总是表现得无所不知、无所不能，母亲应当运用正确合理的方法引导子女自己解决问题，培养孩子积极的品质。

当然，要成为积极的父亲、母亲，以上所述几点还不全面，这里我们只是从家庭励志教育角度，从培养孩子励志所必备的素养和积极品质方面，提出做积极的家庭成员的几点建议。就孩子的成长过程来说，成为积极的父母角色还要注意和谐夫妻关系，彼此之间确立一种互补均衡的角色关系，以确保对子女教育的一致性；同时随着孩子的成长变化，也要注意自身角色职责内容的相应变化。

《家庭的觉醒》中认为，孩子就像一面镜子，父母通过孩子可以发现自己不成熟的地方，因此孩子就像是一个唤醒者，能够让父母更成熟。教养的核心对象不是孩子而是父母自己，从做父母亲那一刻起，人生就进入一个全新的不断学习、提升自我的阶段，只有父母觉醒和成长，才能更好地爱孩子，给孩子温柔而有力的教养。这本书倡导觉醒的教养方式打破了传统的游戏规则：要改变的不是孩子，而是父母自身。从这个意义上讲，如何成为积极的家庭成员是父母在家庭教育中自我教育、自我成长的一个重要课题。父母可以分别作答“父母权威问卷”，从而得到各自在宽容型、专制型和权威型三个维度上的得分，进一步了解自己的教养方式。（参见附录三）

（二）从积极视角看待问题

在家庭教育中，遇到同样的问题，看待和分析的视角不同，采取的行动就不同，结果也会有很大差异。一些家长在孩子出现问题时，习惯批评指责孩子，给孩子造成了诸多困扰。励志教育是伴随孩子成长的一项长期“工程”，在这个过程中孩子会出现诸如意志不坚定、情绪低落不愿坚持、积极性消退等各种问题，如果家长懂得从积极的角度去看待和分析这些问题，引导孩子从困难挫折中获得积极的力量，并使孩子潜移默化地习得这种思维模式，就能更好地帮助孩子，使孩子变得乐观、勇敢与自信。

在孩子遇到问题时，父母首先要把它当作一次教育机会。在孩子成长的道路上，问题事件的出现也许并非是完全消极的，这也是教孩子学会自主解决问题、处理情绪的一次教育机会。父母不要去批评孩子，不要去质疑事件本身，应该和孩子一起分析原因，一起讨论解决问题的办法，引导孩子将关注点放在解决问题上，而不是情绪困扰上。当孩子出现消极情绪自我否定时，把孩子“我不行”的想法变成“我暂时还不行”“我努力之后能行”，把孩子沮丧的情绪转变为积极的动力就是家长的智慧。在孩子遇到问题时，父母也可以把它当作一次学习机会，一方面是家长自身学习的机会，教育的本质是成长，父母也要不断学习，努力进行自我教育。有的家长在孩子遇到问题时，自己的情绪先崩溃了，其实帮助孩子解决问题的过程也是父母自身学习和成长的过程；另一方面也是孩子积累学习经验的机会，家长陪伴和帮助孩子面对问题、分析问题的过程都能成为未来孩子独立解决问题的宝贵经验。家长从积极视角去看待问题也会潜移默化地影响孩子的思维方式，使孩子学会独立面对问题，自主成长。

（三）进行有效的家庭沟通

有效沟通是良好亲子关系的关键，在家庭中建立起日常交流渠道，父母可以倾听孩子的话语、观点和情感，对孩子的思维和情绪进行了解，进而帮助孩子解决问题。父母适当地掌握家庭沟通的一些方法与技巧，能与子女进行经常性的沟通，有助于营造积极快乐、温馨和谐家庭氛围。

父母在与子女进行沟通时，要注意方式方法。首先，放下情绪。父母与孩子沟通交流时要先整理好自己的情绪状态，先让自己保持冷静，提醒自己不要带着负面情绪去沟通，因为这样不但没有任何效果，反而会破坏亲子关系。负面情绪之下，父母就容易忘记沟通的目的，而只是一味地发泄情绪，而当孩子捕捉到父母的负面情绪时，出于本能的自我保护意识，听不进去父母的说教，也不愿意继续沟通。

其次，传递感情。在与孩子沟通时，要带有感情，要有同理心，父母可以与孩子分享自己的知识、技能和经验，如讲述自己的工作经历、教授孩子如何做饭等。家长也可以和孩子一起参加有趣的活动，如户外运动、文艺表演、手工制作、阅读等。共同参加活动不仅能增加亲子互动的时间，也能让孩子感受到父母的关爱和支持。通过互动，让孩子感觉父母是跟自己在一起的，孩子有安全感和信任感，就更愿意向父母敞开心扉。

再次，善于倾听孩子的内心。言语沟通就是倾听和诉说，想要孩子敞开心扉和自己聊天，就要尊重孩子的话语权，鼓励孩子说出自己内心的想法。在倾听孩子说话的同时，给予孩子充分的尊重，倾听他们的内心，真正地去“听”孩子说的每一个字，无论说得有没有道理，先让孩子把话说完，给予适当的关注和支持，让孩子感受到父母的关爱。在倾听孩子说话时，父母不做指导者，从而使孩子感受到你是在乎和关心爱护他的，这样孩子才愿意诉说。

从次，建立互动规则。要想沟通有意义，家长应该与孩子一起讨论并制定互动规则，如彼此尊重、倾听对方、分享观点等。父母要在倾听的时候放低姿态，给予孩子平等的地位，让孩子感觉自己被重视，和孩子成为朋友，很愉悦地倾听孩子说话。这样做可以提高孩子的合作意识、沟通技巧和社交能力。

最后，给予反馈。家长要从孩子的诉说中抓取关键信息。孩子诉说时，父母可以用目光表达鼓励和信任，孩子诉说完后，父母可以通过分享自己过往的经历和感受，与孩子共情，最大限度地拉近孩子与家长的距离，然后帮助孩子分析判断，并给予可行的建议，让孩子在整个沟通的过程中得到积极的反馈。只有这样，孩子才愿意主动与父母沟通。

此外，每个家庭都应该根据家庭特点，寻求一种高效且能够长久坚持的沟通方式。比如利用晚餐时间，让孩子聊聊学校里的事情，父母适时鼓励孩子说出自己的建议；或者采用书信的形式，这种方式对孩子来说既传统又新鲜，还可以表达父母难以出口的关爱；或者与孩子共同进行体育运动，运动后更易放松心情畅谈一番。无论哪种方式，只要适合自己家庭，既能融洽氛围又能实现目标，就应该长久坚持。

(四)选择良好的外部环境

家庭不是封闭系统，家庭教育的活动，不可能孤立于社会之外。在孩子成长过程中，无时无刻不在接受着外部环境的影响，越来越多的父母意识到应该开放地寻求一切有利于子女成长的支持力量。

在外部环境中寻求家庭教育的支持，不仅能促进家庭内部环境与外部环境的协调发展，共同发挥积极作用，也能提升家庭励志教育的效果。首先，寻求积极的人文环境。父母的工作关系与社交圈、子女的朋辈关系这些软环境都会对家庭教育产生影响。“孟母三迁”的故事就强调了良好的外界环境对子女成长的重要作用。在家庭周边人文环境的选择与适应上，父母要尽量为孩子成长创造一个良好的外部小环境，充分利用社区教育平台、家校沟通平台、家长互助平台等沟通交流渠道，以积极开放的态度主动去结交乐观向上的朋友，并引导孩子在朋辈交往中的积极行为。其次，利用社会环境进行生活教育。父母要创造条件，让孩子参与社会生活，体验社会生活，通过社会实践接受真实的教育。著名教育家叶圣陶先生提出“生活即教育”的思想就是要将生活与课堂有机结合，倡导教育与现实生活的无缝衔接。利用好博物馆、科技馆、展览馆及图书馆，带孩子参与公益活动，参加社会劳动，参观调研活动，让孩子在社会这个大课堂中接受锻炼，正确对待孩子在实践中的挫折和失败，通过父母引导，挫折和失败能使孩子更清醒，心态更积极。最后，创设丰富的信息环境。我们的生活被各种各样的信息包围着，丰富而良好的信息环境不仅能帮助孩子扩大视野、陶冶情操，还能够培养孩子的探索精神及自主学习的习惯。传统纸媒是必不可少的，父母为孩子订阅报刊，是获取信息的一个重要途径，也可以充分利用现代化的设备给孩子提供有益信息，比如为孩子选择合适的电视节目，陪伴孩子收看，与他们讨论节目内容；也要适当接触现代化的设备，指导孩子自己查找资料和信息，培养孩子信息化素养的同时又不至于因好奇而沉迷电子产品。

三、家庭励志教育的实施

前面讲过，孩子明确志向越早越好，家庭教育也要从小开始对孩子进行励志方面的教育与渗透，比如带孩子了解不同职业，给孩子讲中国传统励志故事等。家庭励志教育也有其丰富的内容、科学的体系及最佳的开始阶段，这里将介绍家庭励志教育什么时间进行、如何进行以及励志教育的内容体系。

(一)家庭励志教育的五个阶段

1.励志教育的准备阶段

孩子在12岁之前，主要任务是引导孩子准备立志，要用赏识教育的方法和态度，去发现和培养孩子的爱好与长处，为以后系统的励志教育做准备。

孩子在12岁之前，是立志的准备阶段，也是励志教育的准备阶段。这一阶段励志教育主要是两项内容：一是帮助孩子立志；二是指导孩子成志。作为初始阶段的立志，有年龄限制，孩子太小，不适合立志。幼儿园的孩子们所说的长大要当航天员，要当科学家，要当工程师，要当医生，这时的梦想还算不上真正的立志，多数孩子在幼儿园时期难以确定理性的远大志向。这一阶段，家庭励志教育的目标是发现孩子的兴趣和强项。了解孩子的气质，可以帮助父母全面认识孩子的个性心理特征，因材施教，使孩子的潜能得到最大发挥，励志教育也更容易成功。(参见附录四)

2.励志教育的初始阶段

孩子在12～14岁时，主要任务是帮助孩子确立远大志向。

从12岁开始，家庭励志教育进入初始阶段，最迟在孩子小学毕业之前完成。如果暂时还不能确立志向，可以确立中期目标，然后分解目标，一直分解到指导自己现在要做什么,并且开始施行。若已经成功立志,就开始按照励志教育的方法去实现自己不同阶段的目标。

8～12 岁是孩子脑发育的一个关键期,9～11 岁处在儿童期的后期阶段。生理和心理特点变化明显,是培养学习能力、情绪能力、意志能力和学习习惯的最佳时期。而学习能力、情绪能力、意志能力和学习习惯,可以在家庭励志教育中得到提升。在心理特征方面,四年级孩子自我意识逐渐增强,开始主动学习,有自己的想法,但辨别是非与解决问题的能力还有限,外在激励仍然是孩子学习的重要动力。这一特征需要家庭励志教育来进行正确的引导,使孩子的综合能力得到提高,志向的确立能够帮助孩子在学习上实现一次质的飞跃。在情绪和思维方面,孩子开始对自己的行为和情绪变化变得更有意识。他们的道德感、理智感、责任感、荣誉感也有了进一步的发展。如果教育和引导得当,可以使孩子管理情绪的能力有较大的提高。同时,他们的思维能力快速发展,开始独立思维,独立意识逐渐增强。四年级的孩子正处在儿童时期向少年时期的过渡期,家长必须用适合这一阶段孩子特点的方式对孩子进行教育。我们的实践也证实,这个时期的孩子完全可以接受励志教育,如果引导得当,可以帮助孩子树立远大的理想和正确的学习目标。

3.励志教育的促进阶段

孩子在初中到高中时期,主要任务是完成远大志向中的短期目标。这一阶段的短期目标要与人生志向紧密结合,基于升学而又立于升学之上。

中学阶段是孩子汲取知识,培养兴趣学科的关键时期,人生志向在这一时期奠基,因此也是进行励志教育最容易、最集中、持续时间最长、最为有效的时期。考试与升学的“内卷”让中学生们焦虑,我们不提倡以升学为目标的励志教育,但在中学时期,把升学作为人生志向中的一次目标分解,人生奋斗中的一个短暂阶段,不仅能让孩子在繁重的学业中找到方向,坚定信念,也能缓解青少年在这一阶段的迷茫。

父母在这一时期注意将短期升学目标融入人生志向,让孩子理解求学阶段以及这一阶段的目标,帮助孩子制订学习计划,可以列出目标实现的好处,激励孩子将目光放长远,基于升学而又超越升学目的。这一阶段父母不能仅用学习成绩来衡量孩子,还要引导孩子将主动学习和拼搏精神转化为内在的精神动力。多抽时间陪伴孩子学习、阅读或进行户外活动,增进沟通的同时努力在兴趣爱好中发现孩子的强项,沿着正确的方向和途径引导孩子发展。

4.励志教育的巩固阶段

孩子在接受高等教育时期,主要任务是提醒孩子努力实现自己远大志向中的中期目标。

进入大学后,是孩子独立生活与学习的开始,激烈的竞争环境与未来的就业压力导致部分大学生退缩,出现了"间歇性励志"与"持续性躺平"的现象。部分大学生偶尔确立目标,但是在遇到竞争和挫折时,缺乏应对挑战的奋斗拼搏精神,对自己缺乏自信,就停滞不前,从而出现各种"不励志"的现象。

家庭励志教育过程中,父母不能仅仅关注孩子学习成绩与学习动机的激励,还要及时关注孩子心理上的变化,加强对孩子奋斗、拼搏精神的教育,避免孩子过于依赖父母。在面临的职业规划方面,父母的择业观与就业观会影响到孩子的选择,父母期待的"稳定安逸"的工作对孩子的奋斗精神可能会有消极的影响。父母此时要引导孩子保持对远大志向的追求,要引导孩子积极承担社会责任,提醒孩子设立分阶段的目标。在大学阶段,校园是孩子的主要生活环境,此时的家庭励志教育要与学校励志教育形成合力,互相支撑。

5.励志教育的持续阶段

孩子参加工作后,主要任务是通过分解目标,逐一完成自己的阶段目标,最后实现自己的远大志向。

孩子走向工作岗位之后,也开启了独立生活的新阶段。家庭励志教育如果在孩子成长过程中持续进行,则效果较好。父母经常关心孩子的工作情况,也是励志教育的一种延续。比如,询问孩子的工作进展,近期的工作计划,以及自己事业规划。家庭氛围和谐,那么孩子在工作中遇到问题也愿意向父母诉说,寻求心理支持。父母的关爱和建议是孩子生活和工作中持续的动力,家庭励志教育也将融入家风,成为宝贵的家庭"财富",通过成人成家传递给下一代。

(二)家庭励志教育的六个步骤

我们倡导家庭励志教育目标是强化青少年"为国为民,为家为己"的励志观念,传授给青少年励志的方法,使青少年能够自觉践行。为此,我们把家庭励志教育科学体系划分为"知""立""行""韧"四个模块,每个模块对应励志教育实施的一或两个步骤。

第一个模块认知志向，对应着第一步“决定成功(立志)”。让孩子认识志向，了解志向对成功的重要性，对成功有正确的认知。知道有成功的愿望才可能成功，理解行动是志向与成功之间的桥梁，没有行动的立志是空想。

第二个模块确立目标，对应第二步“确立目标”和第三步“分解目标”。第二步“确立目标”，既要让孩子了解确立目标的重要意义，又要从确立蕴含人生使命的长期目标与职业选择的具体目标相结合出发，帮助孩子坚定确立远大志向。第三步“分解目标”，帮助孩子把远大目标分解，并对接下来的行动进行规划。在阶段目标达成后，朝着下一个阶段目标努力。使孩子理解在现实生活中做事要脚踏实地，一步一个脚印踏踏实实向着每个小目标努力，才能最终实现自己的人生目标。

第三个模块规划行动，对应着第四步“立即行动”和第五步“修正行动”。第四步“立即行动”让孩子认识到立即行动的重要性。通过制订计划、时间管理以及心理上克服恐惧、拒绝拖延等方法立即开始行动，逐步养成为完成目标而立即行动的行动力和意志力。第五步“修正行动”，让孩子了解在行动中不断改进修正是必要的，学会在行动中总结经验教训，修正错误的行动，坚持正确的行动。

第四个模块坚持行动，对应着第六步“坚持到底”。第六步“坚持到底”，让孩子认识到坚持行动的重要性，从坚持行动的思想准备、心理准备、方法准备三个角度指导陪伴孩子逐步养成为完成目标而坚持到底、永不言弃的意志品质。

六个步骤之间具有顺序性。可以明确地指导孩子第一步要做什么，第二步要做什么，一直到第六步，到什么阶段做什么，非常明确。每走一步，都能让孩子了解自己的进步，了解目标实现到什么程度，这个进步会给孩子带来鼓舞，会激励孩子持续行动。

六个步骤之间具有系统性。我们倡导的励志教育是一套完整的行动方案。每一步骤都不可或缺，少了任何一步都不完整。每一步骤都在把前一步骤落实到位，为下一步骤打好基础，创造条件。

六个步骤之间互相支撑。第一个步骤，决定成功，使孩子有了成功的期盼。第二个步骤，确立目标，使孩子有了行动的方向。第三个步骤，分解目标，使得确立目标的规划落到实处。第四个步骤，立即行动，使得决定成功，确立目标，分解目标的规划开始行动。第五个步骤，修正行动，学会总结经验，坚持正确的行动。第六个步骤，坚持到底，使目标和规划都能通过持续的行动，最后达成。

六个步骤具有循环性与可操作性。由于分解目标的存在，长期目标要分解，中期目标也要分解，短期目标还要分解，年目标、学期目标、月目标、周目标、日目标，都要分解。每完成一个目标，都会回到起点，重新决定继续成功，再确立新的目标，然后分解目标，立即行动，修正行动，坚持到底，目标达成，再决定新的成功，由此循环。励志教育是一个循环往复的过程，不是简单的一次性工作，不能只关注当下的步骤，而忽视后续的巩固环节，在这六个步骤的循环过程中，逐渐积累经验，积小成大，最终走向成功。

(三)家庭励志教育的要求

励志需要家长的引导，家长在家庭励志教育过程中可能会遇到各种挑战和困难，应该保持积极心态，通过不断地自我提升、为孩子树立良好的榜样以及长久坚持不放弃，让家庭励志教育持续进行。

1. 家长的自我提升

如何培养孩子，需要教育智慧。要想真正对孩子的成长负起责任，需要家长重视自我的二次成长。一是重视自我学习，父母需要不断学习家庭教育知识，了解孩子的年龄特征和心理特点，懂得反思和调整教育方式，不断提升自身家庭教育水平和能力，以家长的自我提升支持孩子的成长和发展。同时，父母终身学习和成长，也是给孩子励志的最好榜样。二是关注自己的情绪状态。父母也需要关注自己的健康和精神状态，学会管理自己的情绪，保持积极乐观的生活态度，有面对挑战的勇气，才能将这些优良的品质传递给孩子。三是平衡工作与生活。父母需要保持生活和工作的平衡，保证自己的生活和工作得到充分的时间和精力。如果家长感到沮丧或无助或遇到困难，可以寻求支持和帮助。例如与其他家长交流经验、咨询专业人士、加入互助群体等。寻求支持与帮助，可以让父母感到更有信心和动力，同时也能够给孩子更好的指导和建议。

2. 家长的榜样作用

父母应该通过自己的言行，为孩子树立榜样，让孩子能够受到正确的引导和鼓励。父母的内在能量充足，也会给孩子带来积极正面的影响。做好孩子的榜样：一是以要求孩子的标准来要求自己，以身作则。言传身教更能赢得孩子的尊重与信任，孩子在潜移默化中向父母看齐，养成好习惯。二是做家庭励志教育中最有说服力的榜样。家庭励志教育一个核心的模块就是坚持行动，一个人的人生目标、兴趣爱好在任何时候都不应该放弃，在追求人生目标的路上，父母有没有坚持，是怎么坚持的，这直接影响家庭励志教育的效果。三是与孩子共同成长。与孩子共同成长是建立良好关系、支持孩子发展的重要方式。与孩子一起学习、讨论、思考和解决问题，能够促进彼此的沟通和理解，还可以帮助父母进行自省，不断发现并纠正自身的错误，为孩子树立良好的榜样。

3.家长的坚持

励志过程不仅需要孩子坚持行动，也需要父母持续的陪伴和付出。在坚持方面，父母可以做到：一是给孩子提供持续支持和鼓励。孩子在成长过程中会遇到各种挫折和困难，父母需要提供支持和鼓励。当孩子遇到挫折时，父母可以和孩子一起分析问题并提供解决方案，同时鼓励孩子勇敢地面对问题。父母的鼓励和支持可以让孩子更加坚定地走自己的路。二是与孩子持续沟通。家长应该与孩子保持持续的沟通，了解他们的想法、需求和困难。这样可以帮助父母及时调整自己的教育方式，以便更好地支持孩子的成长。此外父母还可以和孩子一起制订目标和行动计划，并鼓励他们在实现这些目标的过程中坚持下去。三是保持耐心，不过分追求完美。过分追求完美会让父母和孩子都感到压力与失望，从而影响孩子的成长和发展。父母需要明确，孩子不会立刻就变得很成熟、很独立，在这个过程中，父母需要接受孩子的错误和缺点，耐心地引导和教育孩子，并帮助他们克服这些问题，不断地成长和进步。

第七章　兴趣与强项

一、兴趣的发现与培养

(一)兴趣激发个体能量

兴趣是一种宝贵的教育心理资源,孔子在《论语·雍也》中提出“知之者不如好之者,好之者不如乐之者”的观点,认为了解怎么学习的人,不如喜爱学习的人;喜爱学习的人,又不如以学习为乐的人。学习知识或本领,以此为乐的人接受得最快。关于兴趣在人们的学习与工作中的重要作用,已经得到普遍的共识。以努力为基础的学习,和以兴趣为基础的学习,它们的结果有着很大的不同。现代教育心理学认为,“兴趣、好奇心、探索欲,是人类学习的最早动力”。兴趣是可以推动人们求知的一种内在的积极力量,而这种力量,可以在无形中促进人们去学习与进取。有人总结世界上数百名诺贝尔奖获得者的成功因素,其中一条就是他们对所研究的科学事业都有浓厚的兴趣。正如瑞士儿童心理学家皮亚杰所说,“兴趣是能量的调节者”,如果一个人仅靠努力去学习,虽然也可以得到不错的学习结果,但其过程往往是被动的,或是感觉很辛苦的;而如果一个人以自己的兴趣去学习,则往往是主动的、兴奋的、快乐的、轻松的。这就是“兴趣”与“非兴趣”的差别。

杜威认为兴趣是成长的信号和象征,显示了一个人最原始的能力。家庭教育中父母要认识到孩子要想获得健康的发展,就必须要充分运用这些兴趣,父母要把这些兴趣与孩子的自身成长相结合,尤为重要的是在生活学习中要考虑孩子的兴趣。

兴趣与学习有着密切的关系。教育学家乌申斯基说过:“没有兴趣的强制性学习,将会扼杀学生探求真理的欲望。”可见,兴趣是驱动个体进行深度学习的内在动力。兴趣学习是个体自我教育的最好方式,在一个人的成长过程中,如果缺乏兴趣的驱使，就很难形成主动学习的习惯。因此，家庭励志教育一旦脱离了对子女兴趣的关注就会沦为无源之水，陷入误区。

兴趣可以提升人的幸福感和自信心。从事喜欢的活动时，人们通常会感到更加愉悦和快乐，这种愉悦感可以增强人的幸福感和满足感，从而改善情绪和心理状态。同时，当一个人对某个领域感兴趣并投入大量时间和精力进行学习或练习时，会获得更多的经验和知识，进而增强人的自信心，更有能力面对挑战和困难。

兴趣可以提高人的行为动机。当人们追求喜欢的事物时，通常更有动力去实现自己的目标。这种动机可以激励人们更加努力地工作和学习，在生活中取得更大的成功。

兴趣可以增强人的社交能力。人们可能会在自己所喜欢的领域中遇到共同的兴趣爱好者。兴趣可以帮助人们与其他人建立联系，扩大社交圈子，增强社交技能，并提高自尊和自信心。

（二）兴趣的发现与培养

兴趣不是一时兴致，也不是静态的，是在生活中逐步形成并逐步扩展和深化的，因此兴趣的发现与培养是统一的过程，家长在发现孩子兴趣过程中创造条件引导和培养兴趣，同时也在培养兴趣过程中发现孩子真正的兴趣点。

首先，父母仔细观察孩子的行为，就可以发现孩子的一些兴趣所在。杜威把本能兴趣分成了四类：谈话与交流方面；探索与发现东西的兴趣；制造东西或建造的兴趣；艺术表现方面的兴趣。在生活中通过仔细观察，父母可以发现孩子的本能兴趣。比如平时多留心观察孩子对各种事物喜恶的表现，观察孩子做什么事最专注，多听听孩子的想法，多观察孩子喜欢看哪类书，喜欢做哪些事情；平时多问问孩子喜欢做什么，多留心孩子喜欢问哪些方面的问题。父母可以将孩子本能兴趣作为培养孩子兴趣爱好的起点，有意无意地向孩子自己选定的方向引导，多创造机会和条件让孩子做相关的事，孩子会在潜移默化、日积月累中，明确和坚定自己的兴趣爱好，并自觉地为之努力。

其次，让孩子在阅读中开阔视野，发现兴趣。阅读能为孩子打开一个又一个新的世界，也能让孩子找到自己感兴趣的领域，阅读的过程既是发现兴趣的过程，也是培养和强化孩子在某一方面兴趣的过程。著名物理学家钱三强的父亲钱玄同极其注重孩子真兴趣的培养，在孩子兴趣培养过程中将阅读放在第一位。他不强求子女背记古文，而是鼓励子女自由阅读，让子女在阅读中明事理，形成理智思维，鼓励子女去认识自己的兴趣，去坚持自己的选择。

再次，多体验尝试，激发孩子的好奇心。有些兴趣爱好并不是天生的，需要父母去创造条件给孩子提供机会，让孩子多尝试，扩宽兴趣的广度。父母可以给孩子创设多元化的生活，比如带孩子去探索大自然或者去文化艺术氛围浓厚的场所，帮助孩子多接触和参与，让孩子在各种生活体验中认识更多的新事物，激发孩子的好奇心，丰富孩子的想象力，从而有更多的热情去探索这个世界，主动了解更多的知识，开阔视野，习得经验，才可能更明确自己的兴趣。

最后，家长要因势利导。一些孩子的兴趣爱好看似“不务正业”，家长害怕这样的爱好耽误学业，往往不能去支持孩子，希望把孩子的兴趣爱好引到“有用”上来。如果孩子对一件事情非常专注，只要是正当的、孩子发自内心喜欢的，父母就应该给他提供更多的机会，绝不能盲目地去代替。父母可以对孩子因势利导，不断将优点放大，鼓励孩子在某一领域挖掘深度，这样才能更好地发掘自身的潜能。某方面的兴趣一旦变成了强项，能激发孩子的自信，通过自己的不懈坚持，未来也可能在某些专业领域内取得成就。

（三）发展兴趣：兴趣—志趣—志向

1. 追随兴趣

兴趣是一个人对某种活动或事务的喜欢或向往，持久的努力和坚持也是培育兴趣的一部分。发现兴趣所在也许并不难，践行自己的选择就需要花时间和精力投入其中，需要对兴趣有持久的坚持和热爱。中国篮协主席姚明围绕“兴趣是最好的老师”给小学生做讲座时也提及了自己兴趣的养成过程。他从 9 岁起开始打篮球，每天训练 2.5～3 小时，后来是 5 小时。姚明回忆自己当时对篮球有些“随波逐流”，并没有确认自己的兴趣。真正喜欢打篮球要到十七八岁，那时他才真正感到，在球场上挥洒汗水的每一刻都是享受。从懵懂到喜欢热爱的过程，就是凭借“全身心投入”。所以说，兴趣培养需要付出汗水，需要日复一日地努力。

2. 兴趣到志趣

从兴趣到志趣是一次飞跃，兴趣和志趣本质上都是热爱，但也有不同。第一，志趣是兴趣的具体化。比如说，一个孩子喜欢音乐，对音乐表现出兴趣，这个兴趣表现是比较宽泛的，相对来说是不稳定的，他可能既喜欢听音乐又喜欢唱歌，既喜欢参加音乐活动又对一些乐器充满好奇，也可能这几种兴趣点在不断地变化之中。然而志趣就相对具体和稳定。比如说，这个对音乐感兴趣的孩子在这么多种情境的偏好和热爱之下，选择了一种乐器作为出口，愿意主动去尝试，并专注练习，这个时候就是兴趣具体化为志趣的体现。第二，志趣包含内驱力的探究和学习，是有认知行为参与的兴趣。比如一个对音乐感兴趣的孩子，不仅喜欢听音乐，还喜欢模仿演唱，不仅对音乐有较好的感知力，还主动去了解音乐背后的感情、背景和故事，主动去学习乐理知识。志趣可以提升自信，是行动的内在动力。第三，志趣是兴趣从广度到深度的转化。"志"是目标，一个人可能兴趣宽泛，但对每种兴趣的付出是不同的，当他在某一兴趣领域想要达到一定深度，对自己感兴趣的事物进行深度扩展时，兴趣就上升为志趣。对某一兴趣研究得越深入、越专一，就越有可能将兴趣发展为志趣。比如一个孩子有运动天分，对游泳、跑步、羽毛球、篮球等各类运动都感兴趣，这是兴趣的广度，而最终选择游泳这项运动进行坚持和训练，或者在游泳运动中喜欢几种泳姿，最终选择某一种泳姿作为自己的目标，这就是兴趣的深度。形成志趣之后，就会积极主动地设定一些阶段性目标，不断地挑战自我和超越自我。有目标就会有动力，越行动越有自信。第四，志趣是兴趣与自我价值的结合。一个人主观上期望能在兴趣所在领域有所成就，能在兴趣领域实现自我价值时，兴趣就上升为了志趣。比如，想要在学校文艺汇演中获得演出的机会，在舞台上展现自己；想在竞赛中取得好成绩，为班级和学校争得荣誉，这都是在志趣驱使下追寻自我价值的体现。

著名物理学家，"中国原子弹之父"钱三强在北大读书期间，他的兴趣不知不觉转到了物理上，在多次听了清华大学物理系教授的北大授课后，便产生了考清华大学物理系的念头，于是他毅然放弃北大预科和本科三年学历，考入清华物理系重读一年级。此时，物理已不仅仅是钱三强的兴趣，这个兴趣已经与他追求"实业救国"的理想结合在一起，成为他的志趣和理想。

北京冬奥会单板滑雪大跳台冠军苏翊鸣 7 岁时开始接触跳台和道具，由于超凡脱俗的滑雪天赋，苏翊鸣被签约世界知名滑雪品牌，成了童星代言人，踏入职业滑雪圈。一次偶然的机会，苏翊鸣因滑雪接触到了荧幕，参演了影视剧，演技也获得认可，对表演也产生兴趣。在两种兴趣之间，苏翊鸣是选择滑雪，还是表演？在得知北京申奥成功的那一刻，苏翊鸣做出了自己的选择，他要争取参加奥运会，代表国家队出征，为国争光。这个选择意味着苏翊鸣将滑雪运动从兴趣上升为志趣。苏翊鸣将除学习之外的时间都用在训练上，一路的坚持和付出的努力最终让自己站在奥运领奖台，为中国冬奥代表团创造了历史最佳战绩。

3. 志趣到志向

志趣与未来所从事的工作相结合，是兴趣的第二次飞跃，即从志趣上升为志向。与志趣相比，志向有两个特征。第一，志向是志趣的长远规划。志趣已经包含一定阶段性目标，即在兴趣领域想要达到的深度和成就，当一个人持久地进行志趣目标的规划，并且将志趣与自己未来的职业相结合，志趣就上升为志向。一个孩子一开始对某一事物很感兴趣，确定为志趣后，也给自己设定在该领域内取得成绩的阶段目标，当这种阶段目标是持续且逐步提升的，最终上升为职业目标，一生为之努力的事业，就是志向。第二，志向需要志趣基础上的足够积累与实践。志向是一个人将自我志趣与职业认知相结合相匹配，在此基础上做出的选择。志趣是孩子未来选择职业时的重要依据，但想把志趣变成志向，还需要足够的积累与实践。因为不是仅仅靠感兴趣就能做一项工作，还要具备一定的能力，考虑社会需求等条件，明确目标与锤炼自己，最终才有可能从事这个领域的工作，进而实现志向。志趣与职业期待的相关度越高，孩子越有主动性和创造性。

二、从兴趣到强项

(一)强项的三个因素

强项是一个人表现突出的，并且愿意去表现的方面。孩子的强项可能表现为具体的某种技能和能力，比如算数、绘画、乐器、运动等。也可能表现为天赋、兴趣或者某种特质，比如聪明、勇敢、有爱心，有正义感等。无论是具体技能还是某种特质，强项在孩子身上均体现为几种要素的组合。首先是擅长，有更优异的表现，但是仅仅擅长也不能认定这就是孩子的强项，比如一个孩子记忆力好，擅长背诵，但是他没有热情，不愿意经常去做，那也仅仅是擅长而已，并不能成为他的强项。因此，强项还包含第二个因素，即有热情，愿意去做自己擅长的事，这是主动性。然而这两个因素也并不充分，还有一个时间和频率的问题，即是否经常去表现自己的擅长，这是持续性，这三个因素缺一不可。有些孩子可能擅长某项活动，但是不愿意去表现；或者经常去表现某一种技能，表现得也很优异，但是过程中缺乏热情，不是发自内心的热爱驱动自己去表现，这些情况就不属于强项。这三个表现又是一个循环的过程，擅长做的事让孩子充满激情，自然乐此不疲，经常去做，而这个重复的过程又会不断强化自己在这方面的表现，强项因此变得更强。

对某项技能来说，强项与兴趣的相同点在于都是孩子愿意主动去做的事，做的过程中有激情有热爱。然而兴趣不能等同于强项，因为有兴趣去做不一定能表现突出，也不是所有的兴趣都是自己擅长的。因此把兴趣变成强项是需要培养的。

(二)认识与培养强项

有的父母认为要培养孩子成才，就要去除孩子身上所有的缺点，把短板补齐，因而在行动上较多关注孩子的缺点和不足，担心某一弱项成为限制孩子整体实力的因素，而对孩子的优势与强项没有充分重视。实际上这种观念是错误的。应该把大部分的注意力放在帮助他们发挥强项，而非减少弱项上。

首先，发现和认识孩子的强项。其一，父母要真正关心关注孩子的兴趣，生活中要有意去观察孩子在哪方面表现出超出自己年龄的水平；在哪方面有天赋。比如，一个孩子的音准很好，记忆力很好，观察力很强，这些只要父母多留意是可以发现的。其二，父母要留心观察，是否在孩子身上感受到某一方面的激情。强项能让孩子充满自信，感觉充满力量，做自己强项时，孩子会精力充沛，不会觉得疲惫。其三，父母要观察孩子经常做的事。比如孩子在空闲时间愿意做什么，经常做什么。前面讲到除兴趣之外，强项还包含一些特质，这些特质就需要父母在观察孩子行为的基础上多了解孩子，去发现、去总结。比如说孩子有爱心、有勇气，这些强项品质会在生活中不同的场景下体现出具体行为，需要父母对孩子行为背后的品质进行理解，父母可以使用“多元智能检测表”来辅助自己去寻找孩子的潜在优势特征（参见附录五），去寻找孩子的潜在优势特征，给孩子提供机会，判断哪些潜在特征能够发展为实实在在的强项，以及孩子适合在哪些方面发展自己的强项。

一个孩子可能表现出几种潜在强项特征，也不必对每种潜在特征都去进行深度回应。父母要做的，就是助力孩子认清自己的兴趣和优势所在，帮助他寻找未来的发展方向。怎样识别出孩子的行为是源于真正的热爱？哪些是可以发挥的优势强项，哪些是一时的兴趣？杜威指出：“很显然，通常所谓意志，绝大部分正是说我们有一种深思熟虑的或有意识的倾向。在一个有计划的行动过程中，尽管面临很多困难和相反的诱惑，但能够坚持和忍耐，通俗地讲，一个有坚强意志的人，就是说他在努力达到所选择的目的时，既不变化无常，又不苟且敷衍。”因此真正源于孩子内心驱动的兴趣，为了实现自己的兴趣能自觉地克服困难的活动是值得也是应该发展为强项的。

其次，让孩子认识到自己的强项。父母多与孩子进行谈话，围绕自己观察到的强项与孩子进行客观的讨论，让孩子充分认可自己。一方面，认识强项能让孩子更自信，乐于发掘自己最大的潜力。同时也能更关注自己的内心状态，乐于坚持自我，坚持做自己擅长的事情。另一方面，孩子对自身强项的了解也能让他认清自己的弱项和不足，从而让自己更坚强，更有竞争力；理解人人都有强项弱项，有弱项也不意味着一无是处，不必因为弱项的存在使自己陷入焦虑之中；明白只有在充分利用自身强项的基础上，才能通过战胜自身的弱项获得成功。

最后，逐步推动孩子强项的发展提升。这个过程需要孩子付出努力，反复练习和坚持的过程可能很难总是充满激情，父母在这一过程中要相信孩子的能力，给孩子提供物质和精神上的支持，要结合孩子的表现适度用力。让孩子参与练习并逐步提高指定任务的挑战难度，让难度保持在孩子能够达到的高度往上一点点，在反复习得的基础上随着孩子理解水平的提升，进而达到曾经难以企及的高度。

在反复习得的过程中，一些家长常陷入两个误区。一是存在焦虑、攀比心理。一些家长在孩子的兴趣发展为强项的过程中，过于关注表面化的成绩，父母总是有意无意地强加给孩子一些功利化的观念，而忽视了在这一过程中孩子的幸福感和获得感，阻碍了孩子自然生长起来的兴趣发展为强项，甚至使孩子对原本感兴趣的事物产生厌恶，抹杀了孩子的激情和动力。二是急躁心理，不注重方式方法，批评多、鼓励少。在发展提升的过程中，当孩子慢慢认识到自己必须比别的孩子学得好，否则就会挨批评，就会使兴趣本身给他们带来的快乐感消失，情绪渐渐低沉，压力越来越大。我们知道，对一件事情有兴趣，才更容易把事情做好，才能真正够挖掘自身的潜能。发展强项的过程是慢慢提升的过程，若父母只关注一时的问题，忽视了引导和鼓励，孩子在原本是强项的领域反而总是收到负向的反馈，不仅没有得到鼓励，反而经常被批评，那么孩子就会失去兴趣，没有激情再去坚持。

(三)坚持和发挥强项

强项使自己变得更强。罗伯特·莫顿归纳了“马太效应”为：任何个体、群体或地区，在某一个方面获得成功和进步，就会产生一种积累优势，就会有更多的机会取得更大的成功和进步。这在家庭励志教育中同样适用。当孩子发现自己的强项所创造的价值时,就能对自己的能力产生自信,并会积极主动地运用自己的强项,创造更多的价值,成为某一方面的成功者。在强项领域不断体验到成功,就会越自信,这种自信也能够迁移到其他方面,其自我认同感随之也将得到提升,进而对自己的能力有一个充分的认识,明白自己通过努力可以解决问题,通过努力实现其他目标,使自己变得更强。

坚持和发挥强项的过程,实际上就是励志的过程。顾嗣协曾经写过一首《杂诗》:“骏马能历险,犁田不如牛。坚车能载重,渡河不如舟。舍长以取短,智高难为谋。生材贵适用,慎勿多苛求。”诗的意思是我们要善于认识自己,客观、公正、正确地认识和评价自己,既要看到自己的长处,又要看到自身的缺点和不足。励志教育中要教导坚持和发挥自己的强项,在确立志向、明确人生目标时,有一条原则就是找准自己的强项,根据自己的强项来准确定位或者重新定位,专注于擅长的领域才能最大限度地发挥自己的潜能,调动自己身上一切可以调动的因素,并把自己的优势发挥得淋漓尽致,从而获得成功。

折纸艺术家罗伯特 6 岁时就对折纸产生浓厚的兴趣,自己小时候还买了很多书来学折纸的技巧,甚至发明了更多折法。求学过程中他从未放弃研究折纸,折纸是他生活中不可或缺的一部分。后来虽然他在物理学领域有所成就,但是因为热爱折纸,最终放弃工作,成为一名全职的折纸艺术家。他并不是简单地折纸,而是将自己毕生所学融入折纸当中。他设计了一个可以解决折纸问题的计算机程序,他的设计解开了很多烦琐的折纸问题,甚至解开了给卫星配上太阳能板的体积问题。他将数学等各种学科融入折纸后诞生的崭新学问,也被应用到更广泛的领域,包括汽车工业、医学手术、建筑业、制造业等。这名折纸艺术家坚持和发挥强项能够最终获得成功并创造社会价值的故事值得父母在进行家庭励志教育中思考。

三、避免几个误区

兴趣与强项的培养是家庭励志教育的重要方面,但是也存在一些错误的观点和做法,应该警惕。

(一)培训不可盲目跟风

一些家长热衷于将孩子送到培训机构,社会上也出现了兴趣培养盲目跟风、兴趣培训热的现象。这种现象的背后折射出家长的教育焦虑。家长要对兴趣班是否能起到培养兴趣、促进发展的作用有清醒的认知。其一，兴趣培养的出发点是兴趣，而不是家长的功利化心理。有一些家长存在攀比心理和从众心理，什么热学什么，哪家机构宣传好就去哪里；也有一些家长认为在兴趣教育上不能让孩子输在"起跑线"上，孩子非常小，还不具备理解能力就将孩子送到兴趣班培养兴趣，这些观念和做法都是不理性的，家长对孩子的兴趣培养要符合孩子成长的自然规律，从孩子的需要出发，而且要因人而异，不能盲从。其二，孩子的兴趣不是通过兴趣培训班发现和引导的。一些家长想通过培训班对孩子进行兴趣测试，找到孩子的兴趣，甚至因此频繁为孩子更换兴趣班。兴趣班提供的服务和产品是大众化的，并不具备识别和发现孩子兴趣的功能，家长选择的模糊和盲目反而是在消耗孩子的兴趣。实际上，兴趣的形成并非偶然，是在一点一滴的成就中积累的，需要长期观察，对某个科学知识的疑惑，对某项活动的热情，对某个事物的好奇，这些都是兴趣的萌芽。在帮助孩子识别自身兴趣方面，还是需要父母的细心观察。其三，兴趣培养可以通过专业机构进行，但是任何兴趣班不能代替家长的陪伴与鼓励。一些家长认为兴趣班对兴趣与强项的培养是专业的，把孩子交给兴趣班就可以了。兴趣培养确实具有专业性，需要社会提供各种兴趣活动和专业提升机会，家长也应鼓励和支持孩子积极参与。随着兴趣培训热，我们看到培训市场上五花八门的兴趣吸引了很多望子成龙的家长，但是这些培训能不能真正使孩子产生兴趣，使孩子兴趣领域能力有提升，还需要家长在兴趣班的教育理念与培养方式等方面进行甄别选择。孩子的兴趣需要父母的细心呵护，无论是兴趣的坚持、强项的培养，还是把兴趣发展为志趣乃至志向，父母的陪伴与引导、建议和鼓励都是不可或缺的。

(二)过程不可急功近利

孩子自发的兴趣是因为热爱，与此不同的是，一些家长对孩子兴趣培养的出发点则多是带有功利化目的，比如孩子考级、拿证书、参加大赛、希望孩子从周围孩子中脱颖而出。也有一些家长培养各种运动爱好是从未来升学助力出发的。然而把孩子推到这些目的面前，那么孩子的兴趣培养就不是一件简单轻松的事情，很可能会适得其反。一些家长带着功利性目的急于看到成果，严苛要求孩子进行大量重复的训练；也有一些家长看到一定进展后信心大增，给孩子安排更大强度的训练，以期更快进步或得到更大进步。孩子在高强度训练下虽然可能有暂时出众的表现，但这种提高是不长久的，并且会导致孩子产生恐惧心理，容易产生畏难情绪，而出现兴趣消退现象。其实，家长应该把兴趣培养的目的去功利化，把目光放在孩子的身心健康成长、内心的充实、个性的完善上来，让孩子在自愿与宽松的环境中，体会热爱和坚持的乐趣。同时，兴趣和强项培养过程应当是能够充分调动孩子的主动性的活动过程，兴趣引导下的训练活动也能更好地进行。在合理、科学、有效的训练中坚持孩子兴趣所在，留给孩子主动探索的自由空间，让孩子在自我探索中得到提升。

（三）初衷不可本末倒置

回望历史，我们能看到每一个取得重大突破的杰出人才，都有一个共同的特质，就是强烈而恒久的兴趣爱好。绝大多数人的成功，都是兴趣引导不断追求并为之奋斗的结果。然而我们也应该认识到，不是孩子的每一个兴趣都能培育成志趣乃至志向，最终成为孩子的终身选择；也不是每一个孩子都能在兴趣这条路上成为世界冠军或者在那个领域里成为最杰出的人。在兴趣培养上，父母要端正态度，放平心态，切不可本末倒置。

其一是以孩子的意愿为本，父母不能代替孩子做选择。孩子决定发展哪种兴趣培养为强项，选择什么样的方式进行提升，有什么想法和规划，需要父母与孩子进行沟通。四年级孩子开始形成自己的判断，父母创造机会让孩子去选择，并征求孩子的意见是非常重要的。有了多种选择的机会，孩子就会根据自己的本心做出决定，一旦孩子做出自己的选择，他就会对自己的学习形成自我责任感，有助于长久的坚持。在这一过程中，不断地获得心灵上的充盈、个性的完善，进而带动自己全方面的发展，就是一种成功。

其二，以兴趣为本，父母不要忘记初心。父母要给予孩子充分的支持和鼓励，让孩子感受到学习的乐趣和成功的喜悦。培养和发展兴趣的过程并不轻松，会遇到困惑、挫折、自我否定想要放弃的时候，父母遇到这种情况要帮助孩子重新树立自信，鼓励孩子坚持。随着认知领域的扩展和对自我认识的加深，孩子也可能出现兴趣发展或转移，父母应该关注孩子的兴趣变化和发展趋势，不能执着于已有付出、难以割舍，应该为孩子创造有利条件，通过与孩子一起探索和研究新的兴趣，帮助孩子拓展视野，增强对新兴趣的了解，进而支持孩子再做选择。

第八章　习惯与素养

我国著名教育家叶圣陶先生十分重视少年儿童良好习惯的培养，他曾经说过："教育是什么？教育就是要养成良好的习惯。"他认为教育就是养成良好的行为习惯，教育过程就是培养习惯的过程。当孩子拥有良好的习惯，就会受益终身。反过来，我们去衡量教育是否成功，就要看学生们是否养成了良好的习惯；衡量家庭教育是否成功，就要看孩子良好行为习惯的养成情况。家庭励志教育在按照"知、立、行、韧"纵向脉络展开的同时，要在孩子习惯素养层面注重几种能力的提升，这几种能力与励志教育相辅相成，有助于励志教育的顺利开展。

一、家庭励志教育视角下的习惯养成

孔子说"少成若天性，习惯如自然。"意思是小时候形成的良好行为习惯和天生的一样牢固。一个好的行为习惯的养成，得益于长期的坚持和积累。家庭是孩子养成好习惯的主要场所，据研究发现，12 岁以前是孩子良好习惯形成的关键时期，因此培养孩子好习惯是家庭教育必不可少的任务。具体到家庭励志教育内容，有几项习惯对孩子立志与励志起到关键作用。

(一)阅读习惯：与励志过程同向

阅读习惯有助于孩子知识的积累和能力的培养，养成好的阅读习惯，有利于促进孩子终身学习习惯的养成。

阅读习惯可以增长知识、扩展视野，是孩子找寻兴趣、激发兴趣的一个途径。阅读的过程应该是愉快的，阅读的意义首先在于愉悦心灵，在满足心灵滋养的过程中也伴随着非目的性的学习，孩子无意中学到一些知识，即传统的寓教于乐。同时，阅读对于孩子来说，也是一种巩固学习成果，丰富知识的有效方法。作为课外教育的补充，既能补充更丰富的知识，也能使学习更加灵活。阅读范围的广泛以及内容上的趣味性，在一定程度上激发了孩子的学习兴趣，有助于他们自发主动地进行学习，进而开阔孩子的视野，拓宽孩子的知识面。但是也有一些家长对孩子读书寄予过高的期望，只为孩子选择有教育意义的书，忽略了孩子的兴趣爱好，这不利于孩子阅读习惯的培养，只有兼顾阅读的娱乐性和教育性才会具有吸引力，激发孩子的阅读兴趣。孩子的不同性格特点和爱好，也决定了他们需要在不同领域发展自己的兴趣，阅读则是发现孩子自身兴趣、发掘孩子自身潜能的一种有效手段。

阅读习惯可以活跃思维，发展智力，是提升孩子语言表达能力、理解能力和思维能力的一个途径。有阅读习惯的孩子在语言的适应能力、理解力和运用能力方面表现更好，会对阅读内容进行思考，调动自己的思维，进行整合归纳，积累得多了，综合分析能力也会有所提升。在思考问题时，丰富的语言能力也会帮助孩子更深刻地理解问题并解决问题，开拓孩子思维的广度和深度，带动逻辑思维能力的发展。有研究发现，读书多的孩子，学习能力和创造力更强。

阅读习惯可以陶冶情操，培养气质，提升孩子的想象力和自主学习能力。朱永新曾说过："一个人的阅读史就是他的精神发育史。"阅读可以丰富孩子的精神世界，提升其思想境界。比如，通过诗歌和美文的品读，可以陶冶孩子的情操；通过阅读书中的经典故事，从而使自己的思想和境界得到洗涤与净化，也为自己树立远大的理想打下深厚的基础。不同的书籍可以使孩子看到自己生活之外的世界，丰富他们对世界的认知，也有助于他们深入地了解自己，勇敢自信地做自己，懂得善于运用智慧去克服困难，塑造健康的人格。通过自主阅读这种潜移默化的启发式教育，能够提升孩子的自我价值感，建立自主意识。

家长培养孩子阅读习惯要遵循孩子身心发展规律，恰当使用合适的引导方法。

一是选择合适的阅读书。书籍要符合孩子的年龄段，有积极的内容，针对孩子的特点，且是孩子真正喜欢的。孩子喜欢很重要，书的内容让孩子产生好奇，让孩子从中感受到乐趣，孩子才会对阅读产生兴趣。有些家长选书时将自己喜欢或自己认为孩子会喜欢认定为孩子喜欢，也有家长认为只有文化课知识才是有用的知识，选书只看知识性不看重趣味性，这些都是错误的。不能限制孩子的课外阅读，阅读习惯要从趣味性开始培养。

二是陪同孩子阅读。对于低龄儿童，父母可以把书中的故事情节或具体内容讲述出来，经过绘声绘色的讲述，让枯燥的文字丰富活泼起来，通过故事情节吸引孩子去主动阅读。父母陪同阅读时，可以用一些方法，让孩子保持兴趣。比如让孩子高声朗读给父母听，让孩子想象故事的结尾，画一画故事某个情节等多种形式来再次激发或保持孩子的兴趣。

三是指导与交流，父母要帮孩子做好阅读规划，指导孩子最终养成自主阅读习惯。有一些父母认为给孩子买书就是培养孩子阅读习惯，其实那只是书架和书房充实了。买来的书究竟看没看，是怎么看的，读书过程中有什么困惑，读后有什么想法，这些情况父母要了解。孩子在阅读前，父母要多做功课，多启发孩子，引起孩子的兴趣；孩子在阅读时，会遇到问题困惑，父母要抓住孩子提出的每一个问题，有效指导孩子，引发孩子思考，让阅读的过程充分有效地吸收；孩子在阅读后，父母要与孩子交流探讨，可以让孩子给父母复述故事，让孩子分享阅读的快乐，展现自我，增强自信心。

四是营造一个良好的阅读氛围。在第六章励志教育的家庭环境创设中提到创设家庭环境，家庭环境布置也要营造浓郁的读书氛围，这有利于吸引孩子阅读注意力，把阅读同舒适愉悦的感受联系起来。阅读习惯的培养不是随意的，应该有计划。阅读习惯重在引导，所以在阅读之外，在生活中要激发孩子的好奇心和求知欲，要鼓励孩子自己去书中寻求答案，解决问题。

励志教育中引导孩子设立目标与坚持行动的方法，同样也适用于阅读习惯的培养。读书一旦确立目标就要身体力行。父母要引导孩子根据自己的兴趣和具体情况来制订读书计划，量力而行，先制定自己容易完成的小目标，习惯后再提高阅读量，制定大目标，循序渐进，点滴积累，最后养成良好的阅读习惯。

(二)运动习惯:为励志提供动能

习近平总书记在 2020 年儿童节前夕寄语少年儿童，“少年强则国强”“希望广大少年儿童刻苦学习知识，坚定理想信念，磨炼坚强意志，锻炼强健体魄，为实现中华民族伟大复兴的中国梦时刻准备着”。他在安康市平利县老县镇考察调研时语重心长地说:“现在孩子普遍眼镜化，这是我的隐忧。还有身体的健康程度，由于体育锻炼少，有所下降。文明其精神，野蛮其体魄，我说的‘野蛮其体魄’就是强身健体。”

良好的运动习惯可以促进孩子身心各方面发展，既可以提升孩子的身体素质，还能促进孩子的心理健康，培育全面的人格和优秀的品质，并且能够促进孩子的智力发展以及学业成绩的进步。

运动习惯有利于孩子的身心健康。运动能促进人体内各种功能得到充分发挥:比如增强心肺功能、促进消化和代谢功能,还能促进人的动作协调、增强人体抵抗力等。同时,运动直接导致神经系统发生一系列变化,从而改善心理健康。有研究显示,运动习惯能够提高孩子的心理健康水平,进而促进学习成绩的进步。

运动习惯能改善孩子的情绪智力。运动过程可以释放过度的焦虑、郁闷、恐惧等不良情绪,还可以缓解孩子的学习压力,消除心理疲劳,得到身体上的放松和心理上的愉悦。孩子可以选择的体育项目很多都具有挑战性与趣味性,是孩子在激烈竞争中展现自我的一种方式。这些运动,尤其运动比赛,能够提高孩子的自信心,激发拼搏进取的精神。

运动习惯可以增强孩子自信心、意志力,激发内在动力。在运动过程中,孩子在父母的鼓励和督促下,通过自己的努力克服各种各样的困难,培养出坚定的意志、信念、自信心,坚韧、百折不挠的品质得到强化锻炼。运动可以培养孩子遵守规则、尊重他人、团结合作、永不言弃的现代体育精神和积极进取的生活态度,有助于培养持久性、果敢性、自制力、独立性等个性品质,促进良好生活习惯和行为习惯的养成。

良好的运动习惯是家庭励志的动能之源,家庭励志教育要重视孩子运动习惯的养成,让运动成为家庭生活的一部分。

首先,父母要从自身做起,摒弃错误观念和不良习惯。一些家长认为运动是浪费时间,也有家长认为运动过后学习的效率会大幅度降低,故不重视体育运动,不愿意在课余时间陪伴孩子养成良好的运动习惯。也有一些家长自己并不爱运动,有调查显示,在课余时间缺乏体育运动的孩子中,父母平时多数不进行体育锻炼,而父母平时喜欢运动,孩子参与运动的比例也相应更高。

其次,父母要做孩子运动兴趣培养的第一位老师,在孩子找到喜爱的运动项目之前,父母可以鼓励他多多尝试各种类型的体育活动,避免孩子对某项运动产生厌倦。孩子参加不同种类的运动,也能提升其平衡性、协调性、稳定性等运动能力。父母可以多带孩子参加户外运动,并且提前做好规划,比如骑自行车远行、游泳、爬山等,设计一些具有吸引力的环节,让孩子乐在其中,既能锻炼身体,也能陶冶身心。

最后，父母要帮孩子找到适合自己的运动，坚持养成运动习惯。孩子能在喜欢和适合的运动中掌握运动技能，并能主动参与锻炼，逐渐养成参与体育锻炼的生活方式，最终形成终身体育习惯。在培养孩子良好运动习惯的过程中，父母要有意识地引导孩子发展运动能力，掌握运动技能，将一项运动项目发展为擅长的运动，在擅长的运动中，更容易产生快乐的体验和愉悦的感受，也就更能坚持形成习惯。需要注意的是，父母在帮助孩子坚持运动的时候，要遵循孩子的生长发育规律，一是运动本身要适时、适度、适量。二是在运动习惯养成的过程中，随着年龄的增长，孩子的自主性和独立性增强，需要同伴的互助和鼓励。同伴之间的互动直接影响孩子体育运动参与度与持续度，选择适合的同伴一起参与运动可以促进长久运动习惯的养成。

（三）生活习惯：践行励志的保障

良好的生活习惯是实现志向的保障，既能提高孩子的做事效率，同时也能迁移到学习习惯以及其他习惯，在家庭中养成良好的生活习惯在孩子实现人生目标和远大志向的过程中能够起到保障作用。

1. 良好的生活习惯是社会适应能力的基础

生活习惯是行为习惯养成的基础，想改变个体的行为方式就要从改变生活习惯开始。家庭是培养孩子良好生活习惯的重要场所，在孩子身心发展的关键时期，重视培养孩子良好的生活习惯，有助于孩子拥有健康的身心和良好的生活规律，对孩子今后的成长及生活会产生重要影响。现阶段许多学生从小就面临巨大的学业压力，一些家庭更多关注孩子的学习成绩或学习习惯，而对孩子生活习惯的培养有所忽视，致使其在成长过程中出现一些不良习惯与心理，这种现象应该引起父母的重视。生活中的习惯看起来似乎是小事，实际上蕴含着大的规则和礼仪。比如教孩子走路要遵守交通规则，遵守交通规则是遵守各种社会规则的一个缩影和基础；教孩子吃饭要讲礼仪，从吃饭的文明礼仪可以扩展到生活中的文明礼仪习惯，如讲卫生、尊重父母、珍惜劳动成果等。良好生活习惯的培养重在让孩子能从小懂得文明礼貌，在与人相处中把握分寸，尊重教师、团结同学，遵守学校纪律和社会的规则，形成遵守规则的意识。这些良好习惯的养成均能为孩子成长奠定坚实基础，强化孩子的社会适应能力。

2. 生活习惯对学习习惯的迁移作用

教育不仅要让孩子学到科学文化知识，更重要的是教会孩子掌握方法和学会独立思考，而良好的生活习惯是教会孩子掌握这种方法的基础。在生活中孩子有一定的自我管理能力，有规律的作息和有秩序的生活，有利于养成良好的学习习惯。我们发现，一个有良好生活习惯和规则意识的孩子，往往能够很快地适应学习生活，能够遵守学校的规章制度，也能与同伴保持良好的互动，在学习中遇到困难时能够独立地、自信地应对。有研究表明，学习成绩的影响因素中，20%与智力因素相关，80%与非智力因素相关。而在非智力因素中，习惯又占有重要位置。良好的生活习惯让孩子在日常的学习之中更加积极和自信，从而提高学习成绩。

3. 生活习惯与生活态度及对美好生活的追求

良好的生活习惯折射出积极健康的生活态度，引导孩子对美好生活的向往和追求。同时，生活目标和生活态度对孩子养成良好生活习惯也发挥着巨大作用。2021 年全国两会期间，全国政协委员、江苏省锡山高级中学校长唐江澎在“委员通道”回答记者提问时，提到“好的教育应该是培养终身运动者、责任担当者、问题解决者和优雅生活者”。关于优雅生活者，唐江澎认为，所有孩子都应该接受让他们优雅起来的教育。第一，善于发现美；第二，欣赏卓越；第三，注重生活的品位和细节；第四，能够给生活和他人带来美的感受。家庭教育在培养“优雅生活者”方面，应该注重孩子生活习惯的养成，注重在生活细节中培养孩子优雅的仪态、高雅的情趣和生活追求、得体的言行。

家庭生活中，父母的生活习惯、教养方式、家庭氛围对孩子生活习惯的养成都有着深刻的影响。如果一个家庭的环境是杂乱无章的、生活作息没有规律、物品摆放随意，就会使孩子养成粗心马虎、无序的生活习惯。

习惯的养成需要重复训练。有研究表明，同一个动作，重复 21 天就会变成习惯性的动作。家庭中培养孩子好的生活习惯可以从 21 天训练方法入手，有目的、有计划地引导孩子养成好的生活习惯。训练内容是与生活息息相关的生活细节，训练方式是围绕校本课程，积极融入生活或与生活紧密相联的实践，努力营造育人的环境氛围。先设置一个行为习惯的目标，然后用一周时间形成行为习惯，这一阶段需要父母刻意提醒孩子改变。在 2～3 周时间（第 8～21 天）继续重复这个行为习惯，需要父母在必要时提醒孩子要坚持。从第三周开始到第 90 天，该目标习惯巩固下来，基本形成了稳定的行为习惯。

(四)劳动习惯:励志的价值召唤

1.在劳动习惯中养成责任意识与劳动精神

有调查研究证明,孩子从小养成劳动习惯,长大后更可能具有责任心,也更容易适应家庭生活和工作的需要。孩子在劳动实践中,特别是家务劳动中,作为家庭成员的责任感得到培养。孩子体会劳动艰辛的同时,也体会到劳动的乐趣,并体验解决困难的成就感和自豪感,坚强毅力和担当精神得到强化。

孩子的许多生存能力都是在劳动中获得的,通过不断学会新的劳动技能,在劳动实践中学会生存、学会社交,会让孩子收获成就感,身心得到全面发展。劳动成果有助于增强孩子的自信心,让孩子体会到劳动者的光荣与艰辛,更加尊重和感恩他人的劳动,从而树立崇尚劳动的意识,体会到父母的辛苦,从小感恩父母。

2.劳动习惯有利于健康身心和全面发展

适合孩子年龄发展的劳动不仅能提高孩子的身体素质,也可以训练孩子动作的灵活性、敏捷度,锻炼四肢协调能力,促进孩子的身体发育,增强体质,塑造正确劳动价值取向。劳动的过程能够提升孩子的注意力和动手能力,全面刺激大脑的发育,有助于培养孩子的探索能力及创造力,促进孩子全面协调发展。

3.劳动习惯有利于学习能力的提升

裴斯泰洛齐提出,人的发展要通过头脑、心灵和双手的三维立体发展来更好地实现,动手能力同知识的学习一样重要。让孩子自主进行劳动,实践劳动知识,总结劳动经验,这个过程对孩子的智力发展有促进作用。通过劳动实践,孩子能够加深对书本知识的理解和应用。比如,在家务劳动中,做饭可以让孩子理解不同食物在不同温度下相遇产生的化学反应;修理物品会涉及一些物理知识;参与家庭环境的布置也能提升孩子对美的欣赏和追求;养花与种菜可以学习一些种植技术等。学习知识是为了在实践中应用、在劳动中应用,能促进孩子更深入地学习和理解知识。

劳动习惯是经过长时间的培养形成的。需要通过参与劳动实践活动或劳动训练形成,具有稳定、自发自觉的特点。培养孩子的劳动习惯要从以下三个层面入手:

首先,在认知层面,要教导孩子尊重各行各业,对劳动和职业有正确的认识,理解每种职业都是光荣的。通过鲜活的事例,比如身边的榜样特别是父辈和祖辈的故事,去激励孩子,让孩子认识劳动的价值,培养劳动意识,产生参与劳动的兴趣。苏霍姆林斯基说过:"只有当劳动为孩子带来幸福时,他们才会爱上劳动。在劳作中所感受到的乐趣,就越珍惜劳动成果,劳动所带来的愉悦感,才是最有效的教育动力。"孩子参与家庭劳动,父母要及时给予语言激励和评价,根据孩子年龄和特点,采用不同的激励方法,比如将劳动成果进行拍照留存或者制作劳动记录卡片,让无形的劳动变得有形有迹,让孩子能看到成果和自己的进步,调动孩子参与劳动的热情,劳动积极性也得到了提高,在感知劳动乐趣的过程中养成热爱劳动的习惯。

其次,在情感层面,通过创设创造性的劳动环境,激发孩子的劳动情感。有研究表明,孩子从自我劳动中产生的情感触动比从劳动榜样中得到得更深刻。父母要有意识地创造丰富的情感环境,与孩子一起劳动时自然地向孩子展现劳动情感,去带动、感染孩子,提高孩子的劳动积极性。劳动过程中要培养孩子的劳动创新精神,鼓励孩子敢于探索,应允许孩子创造发挥,让孩子手脑并用,感受创造性劳动的趣味和价值,唤醒其积极的劳动情感,使其发自内心地热爱劳动。

最后,在技能层面,经过具体训练和反复练习,长期坚持直至养成习惯。父母可以抓住在日常生活中的劳动实践机会,制订家务劳动清单,适度给孩子安排劳动任务,鼓励孩子自觉参与、自己动手,学会几项劳动技能,随时随地、坚持不懈地进行劳动。父母也可以利用社区服务活动,带孩子积极参与公益劳动实践,让孩子在承担社会服务角色的体验中,逐步培养责任意识和劳动情感。

二、家庭励志教育视角下的素养提升

关于核心素养,不同的组织和国家有不同的界定与倡导。经济合作与发展组织提出"关键能力"(或"核心素养")核心概念和框架,它由三种能力组成:一是沟通能力;二是交流能力;三是自律能力。这一框架的核心交叉点,则是个人的反思性能力,不仅包括反思性思维,也包括运用这种思维进行行动的能力。美国教育界提出"21 世纪型能力"概念,包括批判性思维、沟通能力、协同与创造性。日本也提出了"21 世纪型能力"框架,构成以思考力为核心,以基础力和实践力为支撑的三层结构。我国教育界也提出了核心素养概念与框架。我国界定的核心素养是指学生在接受相应学段的教育过程中逐步形成起来的适应个人终身发展与社会发展的人格品质与关键能力。核心素养框架是由四层组成的同心圆结构，这四层分别是价值形成、关键能力、学习领域与支持系统。在学校教育层面，核心素养概念和框架指导着课程发展。在家庭励志教育中，我们认为，核心素养的培养从关键能力层面，至少包括独立思考能力与沟通协作能力；从人格品质层面，至少包括自律性和责任感。

（一）思考力

独立思考能力就是用自己的眼光去观察事物，用自己的头脑去判断事情的是非曲直，辨别人的善恶，不轻信、不盲从。

《义务教育数学课程标准（2022年版）》与上一版本相比，在“课程理念”部分，将“积极思考”改为“独立思考”，指出：认真听讲、独立思考、动手实践、自主探索、合作交流等是学习数学的重要方式。独立思考能力应该是义务教育阶段贯穿数学课程中的教学理念和学习方式。其实，不论是数学还是其他学科，不论是在学校还是在家庭，孩子的独立思考能力都应该是重点关注的能力素养。

在家庭励志教育过程中，孩子的理想目标的设定应该是在家长引导下，孩子自我独立思考后的选择，只有忠于内心，才能长久热爱和坚持。规划行动和坚持行动过程，孩子的独立思考能力体现在能自己发现问题、乐于分析问题并且主动寻求解决问题的方案。独立思考能力也是自主学习、自我坚持的重要前提。家庭励志教育就是要激发孩子的内在动力，激发孩子潜能，唤起孩子的独立思考能力、自主意识和成就动机。

培养孩子的独立思考能力，可以从以下几个方面入手：

1.给孩子思考的空间

在学习方面，很多家长会全程“守护”孩子完成家庭作业，在孩子做错或还未思考出来答案时就给出正确答案，这容易使孩子形成很强的依赖心理，甚至失去自主思考的机会和能力。在孩子独立完成作业后可以让孩子自己评分，在不对照参考答案的情况下进行自我检查与评价；在遇到错题时，让孩子借助教材例题积极思考，这样不仅能巩固知识点，还能提高思考能力。

在生活中，有一些家长常常代替孩子做选择，连生活中的日常小事也一手“包办”，认为这样可以节约孩子的学习时间。其实这些日常生活中的事情正可以锻炼孩子的自主独立能力。如果孩子能经常进行独立思考，就会养成质疑问难、善思敢问的习惯和勇于探索的精神。家长可以给孩子自由空间，让孩子自主选择，也可以适当给孩子安排一些任务，让孩子独立完成。在自主选择和独立完成任务的过程中，就锻炼了孩子独立思考的能力。

2.保护孩子的好奇心

家长在生活中要保护孩子的好奇心：一是注意认真倾听孩子的想法，以及孩子在与同辈交流中表达出来的思想；二是给予反馈，肯定孩子提出的问题的价值，积极引导孩子去质疑提问，鼓励孩子在自主思考中寻找答案。倾听之后的反馈是孩子形成思考能力的重要环节。在日常生活中，父母可以围绕生活中的问题和事件对孩子进行发现问题、提出问题、分析问题、解决问题这一思维过程的训练，能让孩子收获一定的自主思考能力，并且形成思维习惯。

3.给孩子创造思考的情境

家长可以充分利用日常生活中的各种情境来锻炼孩子思考，通过各种方式来激发孩子的参与感，吸引孩子去探索知识，进而培养孩子的独立思考能力。可以根据孩子的年龄，在家庭生活的日常活动中，设计一些情境，让孩子自己动脑解决问题。比如对于小学生，父母可以利用超市购物这种生活中常见活动，指导孩子做采购清单，做预算。孩子在采购时自己进行计算，带的钱够不够，用什么采购方案能解决经费问题。这种切身体验的活动，在增加学习趣味性的同时，也培养了孩子的独立思考能力。

4.通过问答法引导孩子思考

在家庭生活中，家长可以多使用问答法教育，根据孩子的理解能力，与孩子互问互答，锻炼孩子独立思考能力和判断分析能力的提高。随着问答对话的进行，家长鼓励孩子大胆提出自己的意见和发现，在孩子分享出自己的想法后，即使孩子的想法是错误的或不完美的，家长也应该鼓励他们，和孩子一起探讨，引导孩子进一步思考，纠正不足，找到正确答案。这种问答过程能够缓解孩子的紧张情绪，并促使孩子积极思考，敢于表达自己的想法。

(二)沟通力

沟通能力指人与人之间有效地进行信息和情感交流的能力，目的是促进相互理解、相互信任和相互合作。沟通能力在家庭励志教育中的重要性体现在孩子能主动寻求帮助，缓解心理压力，最终解决问题。在个人实现目标的过程中会遇到各种困难和问题，而沟通能够为解决问题提供一种方法。孩子乐于沟通，愿意与人建立联系，是孩子主动适应环境、确立良好的人际关系的表现。孩子在集体中积极寻求协作和帮助，有助于缓解心理压力，也有助于目标的实现。

1.鼓励孩子多说话，说出自己的想法

家长需要鼓励孩子多说些话，让孩子敢于表达自己，比如碰到熟人时，应该鼓励孩子积极主动地与他们打招呼。在跟人交谈时，要鼓励孩子说出自己的想法，不要害怕。鼓励孩子多和同龄人交往，孩子和同龄人的话题会更多，也更接近自己的生活，更愿意表达。家长要了解孩子内心真实的想法，帮孩子疏导紧张情绪，可以从熟悉的场景入手，比如有的孩子在课堂上不敢发言，家长要引导孩子换位思考，不需要在意是否说错，要勇于表达自己；在家庭中，也给孩子多一些表达观点的机会，与孩子一起讨论一个话题，或者让孩子参与商议家庭事项，在孩子说的过程中，要避免过早提出建议。当孩子在表达观点、想法与做法时，不要在没有完全了解情况时就急于给孩子提建议，这样容易让孩子产生不安情绪，导致孩子产生逆反心理反而不利于沟通。同时要避免不适时的安慰，当孩子在表达消极情绪时，不要急于表达安慰而去打断孩子，这样可能会让孩子感到无助。

2.营造良好沟通的氛围

在家庭生活中，父母应给予孩子一定的自由空间，让孩子能够主动与自己交流。现实生活中，有的父母为方便管教孩子，让孩子认可自己的权威，经常使用命令的口气，表现出威严；当遇到问题的时候，急于责备和训斥孩子，或者总是在挑孩子的错误；如果孩子有不同的想法，强迫孩子接受自己的观点或与自己一致。孩子感受到的是父母并不是真正地想要与自己沟通，只是单纯对地自己下命令而已。在孩子心中家长是威严的，孩子在沟通过程中觉得人微言轻，无法感受到被平等对待。在这样的沟通氛围中，家长与孩子表面上看来有互动，实际上很难完成有效沟通。这种沟通实质是家长的话语主导，孩子会失去沟通愿望，有想法也不敢表达，沟通能力自然也得不到锻炼。如果父母放低姿态，站在孩子的角度进行交流，孩子感受到父母对自己的尊重，就会愿意认真地听父母说话，并做出回应。

3.学会倾听

家长要学会用心倾听孩子的话，耐心地听孩子把话说完。孩子的思维能力和语言表达能力是一个不断提升的过程，孩子可能一时说不到重点，家长要有耐心，不要去打断孩子，允许孩子按照自己的逻辑和节奏讲完自己的想法。在倾听过程中用温和的语气回应孩子，边听边分析孩子的内心，揣摩孩子的真实心理。只有读懂孩子要表达的意思，才能使沟通达到好的效果。

为了更好地走进孩子的内心世界，家长在与孩子沟通时，首先要做到专注倾听，沟通过程中全神贯注地聆听孩子的语言表达，观察孩子的情绪反应。其次要注意有互动交流。可以使用语言回应或眼神交流等，让孩子充分感受到自己被关注与尊重。最后，家长要注意与孩子共情。将孩子所表达的想法和情绪反应，经过自己的理解，给孩子积极反馈，让孩子感受到自己被理解，在沟通过程中拉近彼此间的心理距离。

4.家长在生活中注意示范

学会沟通，越早越好，家长应正确引导，以身作则。有些孩子性格腼腆、害羞，想要跟其他孩子沟通交流却不敢主动，想要做什么不敢当众表达，想要家长陪伴或代为表达。这时候家长应该引导孩子，可以给孩子做个示范，让孩子慢慢尝试与他人交往，帮孩子积累交往经验。

沟通的形式应该是多样的，除了语言沟通，还有书面上的以及肢体上的等其他形式。父母与孩子的沟通交流，应该是涵盖多种形式的交流，也可以是共同做一件事或完成一项任务，如读书、运动、旅行等。在与孩子共同行动的过程中，父母与孩子之间有共同经历和更多的话题，更容易与孩子产生共鸣，更容易通过自身示范提高孩子的沟通能力，孩子也更易于接受。

（三）自律性

自律是自我控制的能力，是个人有意识地对自身心理状态进行调节和对自我行为进行管理与掌控的能力。在个人实现目标、追求志向的过程中，坚持行动是重要步骤，坚持行动靠他律，更主要的是靠自律。从心理动能的角度来讲，自律比他律更重要。因为自律是一个人的自我约束，是主动、自愿的选择行动，只有严于律己才能达到最终的目标。自律充分地体现了人的主体性，个体在具有自律能力后，会更为主动地管理自己，并且在这一管理的过程中促使自身改掉不良的行为，并自觉培养良好的习惯。

自律是逐步形成的，自律能力的提升与年龄和心理发展有一定的关系，家庭励志教育要在孩子成长的不同阶段，针对孩子的身心发展特点帮助孩子形成和提升自律能力。

1. 让孩子进行自我管理，给孩子自主选择权

其一，培养孩子的独立能力和独立意识。在家庭教育中，父母应把孩子当成一个独立的个体，让孩子承担起自己的一份责任，培养孩子在生活方面的自主能力，做一些力所能及的事情。让孩子尽可能早地学会自理，年龄大一些让孩子学习自立。父母努力创设培养孩子自我管理能力的教育情境，给孩子创造合适的机会，让孩子有充分的自我成长环境，只有父母学会放手孩子才能学会接手，学会独立规划，锻炼自我管理能力。孩子有了生活自理能力，会增强自信心，自信独立的孩子更乐意加强对自己的自我管理和自我约束。

其二，让孩子懂得为自己的行为负责，这样才能学会约束自己行为，促进自我管理意识的发展。首先，教孩子正确认识自己，和孩子一起分析自己的优势和劣势，这是实现自我管理的前提，只有了解自己才能更好地约束自己；其次，引导孩子合理规划自己的学习和生活，从自主学习开始，学会对自己负责；最后，引导孩子积极对待学习、生活中的挫折，学会与自己对话，能够自我鼓励，循序渐进地提升自我管理能力。

2. 一起制定规则，坚定执行

“无规矩不成方圆”，父母在家庭教育中，用切实可行的规则来引导孩子行为的自觉性。可以探索与孩子一起讨论，共同制定《习惯手册》或《家庭公约》，这些规则应该是具体的、可操作的、有针对性的，不能使其成为空口号。家庭成员要共同自觉维护自律规则，通过这些明确的规则，让孩子了解自律的重要性。在执行规则时父母要态度坚定，在每天或一段时间之后，父母和孩子一起总结收获，将孩子的行为与规则要求进行对照，总结孩子的成长与变化，这样能够激励孩子自己看到自己的进步，有利于孩子适应新习惯，更有动力地坚持执行自己制定的自律规则。同时也要适时地更换自律目标，督促孩子将遵守自律规则作为共同的责任，让孩子能够无时无刻处于自律环境中。

3. 以身作则，给孩子传递正面信号

父母通过自身的行为对孩子产生一定的影响，如果父母具有较好的自律性，严格地要求自己，孩子也更容易养成良好的品质。家庭教育中，要想培养孩子良好的自律能力，父母需要通过提高对自身的要求，以身作则，通过自身的榜样作用为孩

子做出示范。父母的示范效应要胜过任何说教式的教育，因为当父母做出示范之后，就会给孩子树立良好的形象，孩子会有意无意地模仿父母的行为，并且通过长期的坚持，将外在规则内化为自律。

（四）责任感

责任感是指个体在家庭和社会生活中，对自身角色所应承担的责任的认识，以及通过教育获得相应的责任能力。人的责任感是逐步发展的，孩子从关心自己到关心家人再到关心社会，这是一种持续的生活实践，而家庭是形成责任感最重要的场域。家庭生活中，父母通过家庭教育使孩子养成基本的责任品质，获得基本的责任能力，使其成为一个负责任的人。在家庭生活中，孩子逐渐明确自己和他人的关系，明确自己该承担什么样的家庭责任，这种生活经验会影响孩子的社会生活，进而明确自己应该承担什么样的社会责任。那么，父母该如何培养孩子的责任感呢？

1.明确责任，确立自我责任感

在现实生活中，我们常能看到这样的情形：有些父母每天帮孩子整理学习用品、替孩子整理内务，从来不用孩子承担家务劳动，家庭作业也是由老师通过网络直接发给家长……这些行为的用意是避免给孩子过重的负担，可以让孩子把精力全部投放在学习上，而实际上父母没有明确家庭生活中孩子应该承担什么样的责任。这些做法剥夺了孩子处理自己事情的权力，不利于孩子自我责任感的形成。

教育家陈鹤琴在《家庭教育》一书中提出一个原则："凡是小孩子能自己做的事情，你千万不要替他代做"，讲到替小孩子做事的弊端之一就是"如果小孩子的事情样样都由父母代他去做，那以后他就不高兴自己去做了，以后在社会上做事，也成为不尽职务的人了"。所以从家庭生活入手，让孩子学习做自己应该做的事情，这是培养孩子的责任意识的第一步，让孩子学会对自己负责，这样他长大后才会对家庭负责，对社会负责。如果孩子犯错误，父母则不能袒护，要让孩子认识到自己所犯的错误是什么，主动承担，这样才能让孩子认识到自己的责任。

2.生活实践培养家庭责任感

家庭责任是其他一切责任的开端，只有对家庭负责任，才能对他人、对社会、对国家负责任。在家庭生活中培养责任感，能有助于孩子理解责任不是抽象的概念，而是实实在在的具体的事情；有助于体会履行责任不是难以做到的事，点滴付出积少成多就可以做到。在家庭教育中，父母应让孩子从分担一定的家庭任务做起，让他们参与到家庭事务中来，不仅营造了温馨的家庭气氛，使亲人间的感情更加融洽，也使孩子体会到自身对家庭要有责任感。父母也要引导孩子关心家人，逐步树立起负责任的人生态度和大爱意识，教导孩子不仅要爱自己，更要爱他人、爱国家，对社会和国家尽责任。

3. 示范引领渗透社会责任感

父母要以身作则，发挥示范引领作用，用实际行动在潜移默化中渗透社会责任感。父母的示范主要体现在日常生活中，无论是生活中的小事还是大的矛盾，都要秉持对他人、对自己负责任的态度去解决。从礼让行人到邻里互助等，每一件事情的背后无不体现了父母的责任意识和担当精神。孩子会从父母的行为中明白社会责任的具体内涵，他们也会在不知不觉中模仿这些行为，孩子的社会责任感就逐渐培养起来了。同时，父母也应该安排一些家庭实践活动，与孩子一起进行社会公益活动，渗透和激发孩子内心对自然、对他人、对社会的责任感。

第九章　赏识与激励

赏识是指对孩子良好的表现或者成就给予肯定和认可。当孩子得到赏识时，会感到自己被父母所重视和尊重，也会感到自己的付出和努力得到了认可和鼓励。这种肯定和认可可以帮助孩子建立自信心和自尊心，从而增强他们的主动性。

激励是指通过奖励、鼓励等方式激发孩子的积极性和动力，让他们更加努力达成目标。当孩子得到父母的激励时，会感到自己有一定的责任和使命感，也会感到自己的努力可以得到回报。这种鼓励和激励可以帮助孩子建立正确的价值观和态度，培养他们的进取心和毅力。

赏识和激励可以互相促进。当孩子得到赏识后，父母可以通过适当的激励方式来帮助孩子更加努力地去达成目标；当孩子得到激励后，父母也可以通过适当的赏识来肯定和认可孩子的努力与成绩。两种方式互相协调，帮助孩子更好地成长。

一、家庭励志教育视角下的赏识

(一)励志教育需要赏识方法

教育家陶行知先生认为应尊重儿童，深信儿童身上所蕴藏的潜力和创造力，这些教育思想对于我们当今在家庭励志教育中进行赏识教育仍有很大启示。

赏识应该贯穿在励志教育过程中。其一，赏识的方法是家庭励志教育中引导孩子认识自我，建立自信的重要方法。赏识是通过肯定赞赏孩子的行为结果，营造出积极的外界环境，以此来强化孩子行为。通过外向的激励，唤起内心的积极因素，使孩子逐步形成自我肯定的意识。其二，赏识是鼓励孩子寻找兴趣，发展强项的重要方法。善用赏识方法的父母在家庭生活中长期地观察、了解孩子，去主动寻找甚至制造孩子在某一方面的优点、闪光点，加以激励和引导，让孩子充满自信，将求知作为快乐，将优点变为优势，最后发展成强项。其三，赏识是引导孩子确立目标，坚持目标的重要方法。赏识并非单纯地表扬和夸奖，而是父母通过艺术性的语言和恰当地表达对孩子的行为进行赞赏，激发孩子的主观能动性，进而帮孩子明确发展目标，引导孩子朝着目标发展。

赏识，是发自内心的真实赞赏，父母在发现、认识并认可孩子过程中，与孩子产生感情共鸣。一方面，赏识指向孩子的发展，有利于孩子树立积极的心态，实现自我认知。父母站在孩子成长的角度，通过对孩子细心观察和深入的了解，发现孩子的优势，并及时对他们的行为过程及结果给予认可和肯定，让孩子感受到信心，这种信任的情感会转化为动力，帮助孩子将外在的肯定内化为自我驱动力，使孩子能在各方面处于良好的状态，在学习中保持轻松愉悦的心情，进而产生强烈的求知欲望。另一方面，赏识是关于爱的教育，有利于建立和谐的家庭关系。父母用爱的眼光对待孩子，在给予尊重、理解、相信、鼓励的前提条件之下来挖掘孩子潜能，孩子能够乐观向上、向健康开朗的方向发展。在充满爱和欣赏的环境中成长，孩子能体验爱与尊重，体会家庭的温暖和父母的关爱，并能将这种美好的情感传递出去。

（二）如何运用赏识方法

1. 运用鼓励式语言

在家庭生活中，父母多用肯定性语言和鼓励性语言，肯定孩子的努力和潜能，帮助他们进行自我反思、自我评价，能够让孩子形成自我激励、自我期望。赏识的语言要尽可能具体，父母在表达鼓励或肯定时，描述行为的赞赏语言能够强化情感力量，孩子更容易从中受到鼓励，与空洞的表扬相比，也更能让孩子明确自己的哪些行为得到认可，进而去强化这些积极的行为。

一些父母担心过多的赏识会让孩子产生自大心理，实际上，孩子都渴望父母的支持与肯定。赏识分为两种类型，一种是以孩子为核心的，一种是以孩子的努力过程为核心的。如果只是赞赏孩子聪明，或夸赞孩子很棒，而这个因素是他不能控制的东西，孩子也无法了解以后要怎么做。如果孩子听到的多是赞赏自己努力过程，称赞的是他们能够自己控制的因素，孩子就会了解以后该怎么做才能得到赞赏，在面对困难和挑战的时候，也不会轻易放弃。

当孩子做了某件值得肯定的事情时，父母可以使用“我看到……”这样的表达句式，在“我看到”后面描述孩子行为。这只是在做客观地描述，并不带有主观评价的色彩，让孩子能感受到与父母处于平等地位，孩子会更容易从中受到鼓励。比如孩子收拾了房间，父母只需要客观地描述这件事情："我看到你主动把房间打扫干净了……""我看到你帮助别人……"，这比"你真棒"这样空洞的表扬更有效果。

当孩子有消极情绪时，父母可以使用"我相信……"这样的表达句式，当父母告诉孩子"我相信你有做好这件事情的能力"时，无形之中也增强了孩子对自己的信心和信任，使得孩子变得越来越自信、自立。父母发自内心地相信孩子能行，不断向孩子传递相信的力量，这等同于给予孩子面对未知世界的勇气。

当孩子取得成绩时，往往会把激动、喜悦的心情毫无保留地流露出来。这时可以使用"祝贺你……"这样的句式，后面加上孩子的长远目标，比如，"祝贺你这次取得了好成绩，按这样的发展趋势，你的××目标很快就能实现"。这样做不仅能保持孩子的积极性，还能起到很好的鼓励作用。

2.合理运用体态式语言

赏识不局限在表示肯定、赞美的语言，体态语言也是赏识的重要组成部分，体态语言能更简洁、更生动地传达信息。父母赞许的眼光、满意的微笑、温暖的拥抱、爱抚的举动等都让孩子感受到爱、关怀与鼓励，会更大发挥赏识的效果。因此，父母要深度学习教育理念，运用多样化的方法和策略去赏识孩子。

体态语言可以用于孩子表现优异时，起鼓励与赞赏的作用。当孩子在面对问题不敢举手时，当孩子因为失败沮丧时，父母用一些安抚的动作可能胜过语言上的安慰，帮助孩子尽快走出困境，向前迈进。

著名心理学家艾伯特·梅拉比恩通过实验得出结论：信息表达的总效果＝7％的文字＋38％的声音＋55％的表情。可见，人的表情在沟通中是有着非常重要的作用。父母展现微笑的表情对孩子进行语言上的鼓励是对孩子发自内心的喜爱与关切。

3.正确使用比较赏识

在家庭中，父母常常通过将孩子的进步与其他同学、伙伴进行比较。这类横向比较，可能会在一定程度上伤害孩子的自尊心。如果使用比较赏识的方法，应进行纵向比较，将孩子的进步与自己比较，对于孩子之前的成长予以肯定，着眼于孩子个人的当前行为，这样的赏识能帮助孩子更好地认识自己，通过自己的成长轨迹总结自己的不足与优势，进而去规划未来道路。

4.引导孩子自我赏识

自我赏识是一个漫长的过程，引导孩子自我赏识需要持续地教育和关注，需要父母付出持续的爱与耐心，帮助孩子树立积极自信心，提高自我价值感和自我认同感，只有学会自我认可，孩子才能走得更远。

引导孩子自我赏识，父母可以从以下几个方面入手。第一，帮助孩子树立积极的自我形象。父母可以帮助孩子发现自己的优点和特长，让孩子有自我价值感；同时，也要帮助孩子正确面对自己的缺点，教孩子如何自我改进。第二，肯定孩子的努力和成就。当孩子有好的表现或者做出正确的选择时，父母要及时给予肯定和赞扬，让孩子知道他们所做的努力和付出是得到认同的。第三，鼓励孩子尝试新事物。父母可以通过鼓励孩子尝试新的活动，让孩子了解自己的潜能和能力。孩子即使失败，也可以从失败中学习并成长。第四，锻炼孩子自我控制情绪的能力。让孩子明白自己的情绪及情感是可以管理和控制的，当孩子能够自我调节情绪时，会更容易自我认同和自我欣赏。

（三）运用赏识的几点注意

1. 赏识不是不批评

赏识教育注重的是通过积极肯定和鼓励来促进孩子成长，然而在赏识教育中，批评仍然是必要的，无论是批评还是赏识，帮助孩子成长是唯一的目的。赏识是鼓励孩子保持好的行为。批评是一种提醒，告诉孩子注意或停止某些行为。使用批评教育时，有几点需要注意。一是将批评和赏识结合起来。在孩子取得进步或表现优异时，要给予肯定和赞扬，同时也可以指出孩子需要改进的地方，让孩子了解自己的不足之处，以便更好地进步。二是表达批评时要有技巧。在批评时，需要注意语言表达要客观、准确，语气要温和，避免情绪化批评和过度批评，否则可能会对孩子造成负面影响，使孩子产生挫败感和不满情绪。三是在批评时注意引导孩子思考。批评不仅仅是指出孩子的错误和不足，更重要的是帮助孩子认识自己的问题，并鼓励孩子思考解决方法，从而激发孩子的自我探索和学习动力。

2. 赏识要客观适度

赏识要客观，要在了解孩子的心理状态和身心需要基础上，根据孩子的实际与需要进行鼓励，而不能为达到某种目的而牵强地表扬、盲目肯定，甚至偏离全面发展、因材施教的原则。这样容易导致孩子对自己认识不足，产生不切合实际的自我欣赏和盲目自大的心态，也会影响孩子对父母的信任。

3. 赏识进步与赏识结果同样重要

对孩子的进步进行赏识和对孩子的行为结果进行赏识两者都非常重要。

赏识孩子的进步是对于孩子努力过程的关注。一方面，可以让孩子理解学习是一个积累和成长的过程，从而减少他们在过程中的压力和焦虑。另一方面，可以帮助孩子建立自信心，增强自我价值感，并激发他们继续努力的动力。当孩子意识到自己的进步得到了认可和奖励时，他们受到鼓舞，这有助于建立积极的情绪和心态，从而促进他们的学习和成长。

赏识结果，可以帮助孩子建立积极的行为模式，并加强他们持续做出积极行为的动力。比如当孩子表现良好，如做完作业或遵守规则时，父母及时地赏识和肯定可以帮助孩子将这种行为形成积极的习惯，并在他们的生活中树立积极的价值观。

父母要注意平衡，避免只赏识结果而忽略了孩子的努力和进步，同时也不要只强调孩子的进步而忽略了对良好行为结果的认可。

二、家庭励志教育视角下的激励

(一)励志教育需要激励方法

家庭励志教育中激励方法是基本方法。前面我们分析过，励志的“励”从外在因素层面理解，指的是激励、鼓励；从个体主观因素层面理解，指的是自我磨炼和自我激励。励志教育本身就含有激励之义，在家庭励志教育中既包含外在激励，即父母与家人对孩子的激励与鼓励，也包含孩子的内在激励，即自我鼓励和自我激励。对孩子进行有效激励可以帮助他们建立自信，增强自我价值感，进而提高学习兴趣和成就。

励志教育激励方法是父母是在家庭励志教育过程中，基于孩子的志向目标，采用一系列适合的方式与方法，对孩子进行相应的激励刺激，从而激发孩子行动积极性和主观能动性，促进孩子向着自己的目标、志向努力的一种方法。

激励应该贯穿在励志教育过程中，其一，励志教育第二阶段“确立目标”本身就是一种目标激励法的应用，是父母通过帮助孩子设置明确具体的针对性较强的激励目标，并不断修正，进而逐步实现既定目标的过程。目标的设定对孩子具有强烈的激励作用，它既是一种牵引也是一种刺激。其二，激励是父母在充分关注孩子的内心体验，充分挖掘孩子潜能基础上，将鼓励引导和约束规范孩子行为的外部激励转化为孩子内在动力，使孩子学会自我激励，从“要我做”转变为“我要做”的重要方法。自我激励是一种更稳定、更长久、更有力的激励因素。其三，激励是在规划行动阶段，在坚持行动过程中遇到挫折时，父母鼓励孩子积极面对，努力寻找解决办法，继续为既定目标而努力的重要方法。

（二）如何运用激励方法

1. 外部激励与内在激励相结合

在家庭教育中，父母往往更重视外部激励而忽视了孩子的自我激励。在外部激励下，孩子的行为和思想上的变化都不是自发完成的，自我的能力没有得到充分发挥。而自我激励是一种更稳定、更持久、更强有力的激励因素。激励是一个由外及内的过程，要想达到激励的最佳效果，必须得到孩子发自心底的充分认可，并付诸行动，完成从外部激励引导到自我激励的转变，最终实现目标。然而自我激励并不是自发产生的，它需要外在引导，不管是外在激励还是自我激励，二者缺一不可。

外部激励既包括前面探讨的家庭环境与气氛，也包括各种形式的精神和物质的奖励等。自我激励是指根据自己对自己的了解与认知，在不同的情境下使用适合自己的方法对自我进行勉励与鼓舞，使自己高效地完成目标。父母如何引导孩子自我激励呢？一是注重孩子自我意识的塑造与培养。自我意识是个体对自身的认知，它是个体进行自我激励的基础。父母要引导孩子认识自己的性格和特点，从而了解自己的优势和劣势，对自我进行客观评价。父母要多引导孩子思考和自我判断，孩子可以通过反思自己的行为，发现自身不良习惯并及时纠正。二是帮助孩子形成积极的心态，拥有鞭策自己的心理素质。这需要父母给予孩子一些挑战性、创造性的活动或任务，调动孩子的积极情绪，孩子有勇气去尝试去探索，才能更好地发挥自己的能力。三是持续关注外部激励的效果，观察孩子被激励后的反应与思想行为的变化。通过观察，主动与孩子进行沟通与交流，让孩子深切体会到被尊重、被认同之感，慢慢地把“爸爸妈妈相信你”变成“我相信自己”，从而进一步转化为自我内在动力。

外部激励与自我激励结合的关键在于，一方面，外部激励要及时恰当，尽可能地与孩子的表现相对应，这样可以让孩子更容易理解激励的实质含义，将内心感受与积极的行动联系起来；另一方面，外部激励要有持续性，要鼓励孩子持续进步。孩子要知道他们需要继续努力，需要保持积极行动，以获得更多的奖励。

2. 物质激励与精神激励不能顾此失彼

马斯洛的需要层次理论表明，针对人的需要实施相应激励是可能的。他把人的需要从低向高分为五个层次，不仅有基本生理、生存等物质方面的需要，更有对情感、成长等精神层面的需要。二者相较而言，精神需要更复杂、更持久、更深刻、更难满足。因此使用激励方法应坚持以精神激励为主，两种方式互相补充。

物质奖励在一定程度上可以帮助孩子建立目标感和成就感，并激发其积极性。如果孩子通过自己的努力完成了某项任务或达成目标，因此得到一定的物质奖励，如小礼物、甜品、玩具等，这对孩子而言是一种鼓励，可以增强孩子的积极性和动力。然而，如果将物质奖励作为激励的核心，则可能会诱导孩子养成功利性的行为习惯。并且，进行简单重复的物质激励会使孩子感到习以为常而缺少刺激性，进而削弱激励效果。

精神激励作用于人的心理和情感，能在更高层次、更深程度上调动其内心积极性。父母应注重精神和情感上鼓励孩子。例如，当孩子完成一项任务或做出好的表现时，可以用语言表扬、拥抱、微笑等方式来表达。通过与孩子进行良好的情感沟通，让孩子感到温暖和关爱，增强对父母的信赖感，进而逐步引导孩子精神需求进入更高境界。

物质激励和精神激励具有各自特点，彼此之间不具有替代性。每个孩子的需求有所差异，即使同一个孩子，在不同年龄阶段需求也会发生变化。父母必须及时发现孩子的实际需要，探索物质激励与精神激励的最佳时机和最佳方式。父母只有将物质激励与精神激励结合起来，理解孩子的情感需要和精神需求，运用精神激励，使孩子在精神层面形成内在认知，进一步激发孩子需求层次的进阶，才能取得最大的激励效果。

3.激励后提供反馈

激励要保持长效性，就必须使外在激励真正转化为孩子的内在动力，而及时地反馈就是关键步骤。父母及时提供具体、积极的反馈，帮助孩子了解自己的成绩和进步，能够强化孩子的行为；指出需要改进的地方，可以激发孩子的动力，争取下一步做得更好。

比如，在孩子取得成绩或进步后，父母可以和孩子一起总结经验，引导孩子思考“你是怎么做到的？”，从结果出发，回顾哪些行为是值得保持的，在这一过程中值得保持的行为被反复强化。孩子分享后，父母要给出积极、具体的反馈，告诉孩子这一经验对自己的启发，完成反馈，孩子的信心和内在动力在这一过程中得到增强。

附录一　职业兴趣测试表

请您仔细阅读下列问题，对于每项活动，如果您的回答是肯定的，请在“是”后面的“□”中打“√”；如果您的回答是否定的，请在“否”后面的“□”中打“√”。最后把“是”的回答次数相加，填入“总计次数”处。

第一组

1.您喜欢在别人买东西时给他当顾问吗？是□否□

2.您热衷于参加集体活动吗？是□否□

3.您喜欢接触不同类型的人吗？是□否□

4.您喜欢拜访别人、与人讨论各种问题吗？是□否□

5.您喜欢在会议上积极发言吗？是□否□

总计回答“是”的次数：（　　）

第二组

1.您喜欢倾听别人的难处并乐于帮助别人吗？是□否□

2.您愿意为残疾人服务吗？是□否□

3.在日常生活中，您愿意为人们提供帮助吗？是□否□

4.您喜欢向别人传授知识和经验吗？是□否□

5.您喜欢治病和照顾病人的工作吗？是□否□

总计回答“是”的次数：（　　）

第三组

1.您喜欢主持班级集体活动吗？是□否□

2.您喜欢接近领导和老师吗？是□否□

3.您喜欢人多时当众发表自己的观点和意见吗？是□否□

4.如果老师不在，您能主动维持班级秩序吗？是□否□

5.您具有强烈的责任感和工作热情吗？是□否□

总计回答“是”的次数：(　　)

第四组

1.您喜欢文学中对人内心世界的细致描写吗？是□否□

2.您喜欢听人们谈论他们的活动和想法吗？是□否□

3.您喜欢观察和研究人的心理及行为吗？是□否□

4.您喜欢阅读政治家、科学家等名人的传记吗？是□否□

5.您很想了解世界各国的政治和经济制度吗？是□否□

总计回答“是”的次数：(　　)

第五组

1.您喜欢技术展览或科技类新闻吗？是□否□

2.您喜欢阅读科普杂志吗？是□否□

3.您喜欢了解生机勃勃的大自然的奥秘吗？是□否□

4.您喜欢使用精密仪器和电子仪器的工作吗？是□否□

5.您喜欢复杂的绘图和设计工作吗？是□否□

总计回答“是”的次数：(　　)

第六组

1.您想设计一种新的发型或服装吗？是□否□

2.您喜欢创作画吗？是□否□

3.您尝试着写过小说或剧本吗？是□否□

4.您很想参加学校宣传队或演出小组吗？是□否□

5.您善于用新方法、新途径来解决问题吗？是□否□

总计回答“是”的次数：(　　)

第七组

1.您喜欢无干扰、有规则地从事日常工作吗？是□否□

2.您喜欢对任何事情都预先做周密的安排吗？是□否□

3.您善于查阅字典、辞典和资料索引吗？是□否□

4.您喜欢按固定的程序有条不紊地工作吗？是□否□

5.您喜欢把事物分类和归档的工作吗？是□否□

总计回答“是”的次数：(　　)

第八组

1.您喜欢自己动手修收音机、自行车、缝纫机、钟表、电源开关等吗？是□否□

2.您对自己家里使用的电扇、电熨斗、缝纫机等小电器的质量和性能了解吗？是□否□

3.您喜欢动手做小型的模型(诸如滑翔机、汽车、轮船、建筑模型等)吗？是□否□

4.您喜欢与数字、图表打交道(诸如记账、制表、制图)一类的工作吗？是□否□

5.您喜欢制作工艺品、装饰品和衣服吗？是□否□

总计回答“是”的次数：(　　)

第九组

1.您喜欢操作机器吗？是□否□

2.您很羡慕机械类工程师的工作吗？是□否□

3.您想了解机器的构造和工作性能吗？是□否□

4.您喜欢交通驾驶一类的工作吗？是□否□

5.您喜欢参观和研究新的机器设备吗？是□否□

总计回答“是”的次数：(　　)

第十组

1.您喜欢从事具体的工作吗？是□否□

2.您喜欢做很快就看到产品的工作吗？是□否□

3.您喜欢做让别人看到效果的工作吗？是□否□

4.您喜欢做时间短但可以做得很好的工作吗？是□否□

5.您喜欢做有形的事情(如编织、烧饭等)而不是抽象的活动吗？是□否□

总计回答“是”的次数：(　　)

兴趣测试解读

通过以上测试,可以简单测出您的兴趣类型。在答“是”的总次数中,得分越高,相应的兴趣类型就越符合您的兴趣特点;得分越低,相应的兴趣类型越不符合您的兴趣特点。以上10种兴趣类型分别是:

兴趣类型1——愿意从事与人接触的工作

这类人喜欢与他人交往,结交朋友,他们喜欢销售、采访、传递信息一类的活动。相应的职业如推销员、公关人员、记者、咨询人员、教师、导游、服务员等。

兴趣类型2——愿意从事社会福利和帮助别人的工作

这类人乐意帮助别人,试图改善他人的状况,喜欢为他人排忧解难。相应的职业如医生、律师、护士、咨询人员等。

兴趣类型3——愿意从事领导和组织的工作

这类人喜欢管理工作,希望受人尊敬并获得声望,他们在企事业单位中起着重要的作用。相应的职业,如行政管理员、学校辅导员等。

兴趣类型4——愿意从事研究人的行为的工作

这类人喜欢谈论涉及人的主题,研究人的行为举止和心理动态。相应的工作如做社会学、心理学、人类学、组织行为学、教育学、政治学等方面的研究和调查分析。

兴趣类型5——愿意从事学术研究的工作

这类人喜欢与分析、推理、测试相关的活动,擅长理论分析,喜欢独立解决问题,也喜欢通过实验获得新发现。相应的工作如做气象学、生物学、天文学、物理学、化学、地质学等领域的研究和实验。

兴趣类型6——愿意从事抽象性和创造性的工作

这类人喜爱有想象力和创造力的工作,善于创造新的式样和概念,喜欢独立工作,乐于解决抽象问题,具有探索精神。相应的职业如演员、设计师、画家等。

兴趣类型7——愿意从事有规律的工作

这类人喜欢常规的、重复的、有规律的活动,习惯在预先安排好的流程下工作。

相应的职业如图书管理员、文秘、统计员、排版员、公务员、邮递员、档案管理员等。

兴趣类型 8——愿意从事与事物打交道的工作

这类人喜欢同事物（如工具、器具或数字等）打交道的工作，而不喜欢从事与人和动物打交道的工作。相应的职业有制图员、修理工、裁缝、木匠、机械制造师、计算机操作员、出纳员、记账员、会计等。

兴趣类型 9——愿意从事操纵机器的工作

这类人对运用一些技术去操作各种机器来创造产品或完成任务感兴趣。喜欢使用工具，尤其是大型的、马力强的先进机械。相应的职业如机长、火车司机、舵手、汽车驾驶员、机械装卸员、建筑施工员、石油开采员、煤炭开采员等。

兴趣类型 10——愿意从事具体的工作

这类人喜欢制作看得见、摸得着的产品，希望很快看到自己的劳动成果，从完成的产品中得到自我满足。相应的职业如室内设计师、时装设计师、摄影师、雕刻家、画家、美容美发师、厨师、机械维修师、证券经纪人等。

附录二　时间管理倾向量表

这是全国教育科学“九五”规划重点课题的一项研究。这个问卷中的每一个句子叙述的是对时间的看法以及对时间的利用情况。请你仔细阅读问卷中的每一个句子,然后在答案纸上按照你自己的情况来回答。答案无对错之分,请不要有顾虑。回答时请注意:(1)回答每一道题都要根据你自己的实际情况;如果该题所描述的内容完全不符合你的情况,就在该题后面“(　　)”内填“1”;如果大部分不符合,就在该题后面“(　　)”内填“2”;如果部分符合部分不符合,就在该题后面“(　　)”内填“3”;如果大部分符合,就在该题后面“(　　)”内填“4”;如果完全符合,就在该题后面“(　　)”内填“5”。(2)对每个问题都要回答,不要有遗漏,也不必费时去想,看懂后就回答。(3)不要在问卷上做任何标记,所有的回答均写在答卷纸上。

1.我认为“一寸光阴一寸金”这句话是正确的。(　　)

2.我通常把每天的活动安排成一个日程表。(　　)

3.我认为“时间就是效益”这句话是正确的。(　　)

4.我每天都给自己制定一个学习目标。(　　)

5.无论做什么事情,我首先要考虑的是时间因素。(　　)

6.我认为将来比现在和过去更重要。(　　)

7.我总是把最重要的工作安排在活动效率最高的时间段里去做。(　　)

8.无论做什么事情我都既有短期安排又有长期计划。(　　)

9.目前我尚年轻,浪费一些时间无所谓。(　　)

10.在每周开始之前,我都制定了目标。(　　)

11.对每个人来说,时间就是一切。(　　)

12.在每个学期我都要制订自己的学习计划。(　　)

13. 我认为我在学习和课外活动上的时间分配是合理的。（　　）
14. 我总是把大量的时间花在做重要的工作上。（　　）
15. 在新年开始的时候，我通常都要制定这一年中自己的奋斗目标。（　　）
16. 我相信时间就是生命。（　　）
17. 我课后复习功课的时间是由老师布置的作业量来决定的。（　　）
18. 我认为时间是可以有效地加以管理的。（　　）
19. 我通常把重要的任务安排在计划表的重要位置上。（　　）
20. 我能够有效地利用自己的时间。（　　）
21. 我经常根据实际情况对计划进行调整。（　　）
22. 如果有几件事要同时做，我经常要衡量它们的重要性来安排时间。（　　）
23. 我能够很好地利用课堂上的学习时间。（　　）
24. 我对自己设定的目标充满信心。（　　）
25. 我对每个星期要做的事情都有一个计划安排。（　　）
26. 我经常对自己利用时间的情况进行总结。（　　）
27. 在处理若干件事情的时候，我认为最好是每件事情都做一些。（　　）
28. 利用好时间对我具有重要的意义。（　　）
29. 我对自己浪费掉的时间深感懊悔。（　　）
30. 我确定的目标通常都难以实现。（　　）
31. 世上最宝贵的是时间。（　　）
32. 我的时间大部分都掌握在自己手中。（　　）
33. 我通常根据学习任务的重要性来安排学习的先后次序。（　　）
34. 只要是重要的工作，我一定要挤时间去做。（　　）
35. 我相信我的计划安排通常是合理的。（　　）
36. 我认为我对事情重要性的顺序安排是合理的。（　　）
37. 要做的事情很多，我却能处理好这些事。（　　）
38. 我常常与同学交流合理利用时间的经验。（　　）
39. 我认为时间就是力量。（　　）
40. 我通常都能按时完成老师布置的作业。（　　）

41.我常常对自己的工作在什么时候完成没有一个期限。(　　)

42.我每天什么时候学习,什么时候玩都有一个清楚的想法。(　　)

43.为了提高时间利用效率,我经常学习如何有效利用时间的知识。(　　)

44.我总是根据目标的完成情况来检验自己的计划。(　　)

附录三　父母权威问卷(修订版)

父母权威问卷(Parental Authority Questionnaire,PAQ)(修订版)由30个项目组成,由父母分别作答,从而得到父亲、母亲各自在宽容型、专制型和权威型三个维度上的得分。每个项目都按照Likert五点量表从1分(非常不同意)到5分(非常同意)进行评分。

父母权威问卷

这是一份了解您教养子女方式的问卷。在下列句子中,若描述的情形很符合您的观点,请在题的下文“非常赞同”上打“√”;若只是部分符合您的观点,在“赞同”上打“√”;若不确定,在“不确定”上打“√”;若只是部分不符合您的观点,在“不赞同”上打“√”;若所描述的情形很不符合您的观点,在“非常不赞同”上打“√”。

1. 在一个良好的家庭中,孩子应该如他/她的父母那样不受拘束。

非常赞同□　赞同□　不确定□　不赞同□　非常不赞同□

2. 我会要求我的孩子去做他/她不愿意做但我认为对的事情,这是为了他/她好。

非常赞同□　赞同□　不确定□　不赞同□　非常不赞同□

3. 当我让我的孩子做事情时,我希望他/她立即去做而不要问任何问题。

非常赞同□　赞同□　不确定□　不赞同□　非常不赞同□

4. 一旦确立了家庭规则,我就会与孩子讨论为什么设定这些家规。

非常赞同□　赞同□　不确定□　不赞同□　非常不赞同□

5. 当我的孩子认为家庭规则和限制不合理时,我总是鼓励他/她与我讨论。

非常赞同□　赞同□　不确定□　不赞同□　非常不赞同□

6. 孩子有决定做什么事情的自由，即使这可能与父母想法不符。

非常赞同□　赞同□　不确定□　不赞同□　非常不赞同□

7. 我不允许我的孩子对我的决定有任何质疑。

非常赞同□　赞同□　不确定□　不赞同□　非常不赞同□

8. 我通过交谈、奖励和处罚的方式来指导孩子的行为及决定。

非常赞同□　赞同□　不确定□　不赞同□　非常不赞同□

9. 家长应该以更强有力的方式来规范孩子的行为。

非常赞同□　赞同□　不确定□　不赞同□　非常不赞同□

10. 我的孩子不必因仅仅是由权威者建立的规则，而一定要服从。

非常赞同□　赞同□　不确定□　不赞同□　非常不赞同□

11. 我的孩子知道我对他/她的期望，但是当他/她觉得不合理时可以自由地与我讨论。

非常赞同□　赞同□　不确定□　不赞同□　非常不赞同□

12. 明智的家长应该尽早让孩子知道在家中谁说了算。

非常赞同□　赞同□　不确定□　不赞同□　非常不赞同□

13. 我很少对我的孩子提出行为要求。

非常赞同□　赞同□　不确定□　不赞同□　非常不赞同□

14. 多数时候，我做家庭决策时会尊重孩子的意愿。

非常赞同□　赞同□　不确定□　不赞同□　非常不赞同□

15. 我告诉我的孩子该做什么，也向他/她解释为什么要这样做。

非常赞同□　赞同□　不确定□　不赞同□　非常不赞同□

16. 如果我的孩子不同意我的决定，我会非常恼火。

非常赞同□　赞同□　不确定□　不赞同□　非常不赞同□

17. 如果家长不限制孩子的行为、决定和愿望，多数的社会问题都会得到解决。

非常赞同□　赞同□　不确定□　不赞同□　非常不赞同□

18. 我会让我的孩子知道我对他/她的行为要求，而一旦他/她没有遵守，我就会惩罚他/她。

非常赞同□　赞同□　不确定□　不赞同□　非常不赞同□

19. 我多数时候会允许我的孩子自己做决定，而不是从我这里获得指导。

非常赞同□　赞同□　不确定□　不赞同□　非常不赞同□

20. 我会考虑孩子的意见,但不会仅因为孩子的意愿而做决定。

非常赞同□　赞同□　不确定□　不赞同□　非常不赞同□

21. 我不认为有责任对我孩子的行为进行指导和规范。

非常赞同□　赞同□　不确定□　不赞同□　非常不赞同□

22. 我对我的孩子有明确的行为准则,但是会根据孩子的需求而调整这些准则。

非常赞同□　赞同□　不确定□　不赞同□　非常不赞同□

23. 我给我的孩子制定行为规范并且希望他/她遵守,但是我也愿意倾听他/她的想法并与之讨论。

非常赞同□　赞同□　不确定□　不赞同□　非常不赞同□

24. 我允许我的孩子对家庭事务发表自己的观点,并且允许他/她自己决定想要做的事情。

非常赞同□　赞同□　不确定□　不赞同□　非常不赞同□

25. 如果家长严加管教子女,那么很多的社会问题就会得到解决。

非常赞同□　赞同□　不确定□　不赞同□　非常不赞同□

26. 我经常明确地告诉我的孩子希望他/她做什么以及期望他/她如何去做。

非常赞同□　赞同□　不确定□　不赞同□　非常不赞同□

27. 我给我的孩子制定了明确的行为准则,但他/她不同意时,我也会理解。

非常赞同□　赞同□　不确定□　不赞同□　非常不赞同□

28. 我不对孩子的行为、活动和愿望进行指导。

非常赞同□　赞同□　不确定□　不赞同□　非常不赞同□

29. 我的孩子知道我对他/她的期望,出于对我的尊重,他/她会遵从这些期望。

非常赞同□　赞同□　不确定□　不赞同□　非常不赞同□

30. 如果我的决定伤害到我的孩子,我会承认错误。

非常赞同□　赞同□　不确定□　不赞同□　非常不赞同□

附录四　中国 8～12 岁学龄儿童气质问卷(CSTS)

填表说明：

1. 请您根据孩子最近 4～6 周的行为表现进行评分。

2. 只考虑您自己的印象和观察。

3. 独立地评估每个问题(不必把前后的问题联系起来)。

4. 只要恰当就用极限值评分(如 1,6),避免只选择接近中间的评分。

5. 迅速评定每个问题(每题不超过半分钟),若不能做出选择,就越过这一问题,全部做完后回头重做。

6. 不要遗漏任何一个问题,对于您无法回答的题目,请在题号上画“○”。

请对照下列每一个问题,根据您孩子最近出现的频率,在答卷纸每个题号右侧的数字上画“○”。例如：

1	2	3	4	5	6
几乎从不	极少	不常见	常见	很常见	几乎总是

1. 跑着到他想去的地方。　1 2 3 4 5 6
2. 对初次见面的同桌持回避态度(如保持一定距离、不交谈等)。　1 2 3 4 5 6
3. 受到表扬后容易激动(如发笑、鼓掌、呼喊等)。　1 2 3 4 5 6
4. 当父母要他做杂事时,皱眉或抱怨。　1 2 3 4 5 6
5. 注意光线(如影子的变化、开灯等)的微小变化。　1 2 3 4 5 6
6. 对新玩具或游戏在开始的第一天就失去兴趣。　1 2 3 4 5 6
7. 难以做出决断(如请求帮助、花费很长时间等)。　1 2 3 4 5 6
8. 当身上的衣服脏或潮湿而感到不舒服时,要马上换掉。　1 2 3 4 5 6

9. 在愉快和惊奇时，出现强烈的反应（如呼喊、大叫等）。 1 2 3 4 5 6

10. 对父母的指示所采取的反应是可以预料的。 1 2 3 4 5 6

11. 即使很疲劳，仍特别愉快（如面带微笑等）。 1 2 3 4 5 6

12. 当电话或门铃响时，立即停止玩耍并抬头张望。 1 2 3 4 5 6

13. 可直接进到一个新地方（如商店、运动场等）。 1 2 3 4 5 6

14. 对生活规律（如作息时间等）的改变可在 1～2 天内适应。 1 2 3 4 5 6

15. 入学后遵循固定的生活规律（如游戏、吃饭、做作业等）。 1 2 3 4 5 6

16. 对乘车短途旅行感到高兴和愉快。 1 2 3 4 5 6

17. 在家中接待客人。 1 2 3 4 5 6

18. 正与朋友玩耍时，可对突然的声响（如门铃、警报器等）做出反应。 1 2 3 4 5 6

19. 当有人从门前经过时抬头张望。 1 2 3 4 5 6

20. 在几分钟内可以平息与伙伴的争辩。 1 2 3 4 5 6

21. 安心做作业，直到完成为止。 1 2 3 4 5 6

22. 在等待吃东西、按游戏顺序等待游戏开始、父母训话时能安静地站着或坐着。 1 2 3 4 5 6

23. 在洗澡或游泳时可以感知水的凉热。 1 2 3 4 5 6

24. 在新环境中（如访友、出现新的玩伴等）行为表现异常。 1 2 3 4 5 6

25. 在完成自己制订的计划时，一遇到困难就失去兴趣。 1 2 3 4 5 6

26. 做错事情屡教不改。 1 2 3 4 5 6

27. 当别人纠正其错误行为时不高兴。 1 2 3 4 5 6

28. 对各种特殊活动（如音乐、体育等）所花费的时间有差别。 1 2 3 4 5 6

29. 被欺骗或被取笑时反应强烈（如呼喊、尖叫等）。 1 2 3 4 5 6

30. 上下楼时奔跑或跳跃。 1 2 3 4 5 6

31. 在与家人和朋友一起散步时蹦蹦跳跳。 1 2 3 4 5 6

32. 在他读书时播放电视，也不分心。 1 2 3 4 5 6

33. 很注意食物的味道及配方的稳定性(如不同厂家的食物及不同的烹饪方法)。 1 2 3 4 5 6

34. 高兴时,大喊、大叫、大笑。 1 2 3 4 5 6

35. 不能完成日常的家务活。 1 2 3 4 5 6

36. 对食物的选择(喜欢或不喜欢)每天都不同。 1 2 3 4 5 6

37. 抱怨当天在学校发生的事件。 1 2 3 4 5 6

38. 参加新集体活动时,反复要求父母、兄弟姐妹和他在一起。 1 2 3 4 5 6

39. 拒绝改变计划(如推迟举行、朋友不能如约来访等)。 1 2 3 4 5 6

40. 安静地坐着听音乐。 1 2 3 4 5 6

41. 和父母在一起时,对遇见的陌生人微笑、谈话。 1 2 3 4 5 6

42. 被严厉处罚 1～2 次,不再犯错误。 1 2 3 4 5 6

43. 做家务或家庭作业时很欢快(如微笑、哼唱等)。 1 2 3 4 5 6

44. 保持自己的房间整洁、井然有序。 1 2 3 4 5 6

45. 当电话铃或门铃响时愿意放下正吃的饭去接电话或开门。 1 2 3 4 5 6

46. 在被打断之后,能继续进行游戏、绘画等。 1 2 3 4 5 6

47. 被责备时满不在乎(如皱眉、蔑视等)。 1 2 3 4 5 6

48. 听到异常的声音时(如报警声、车到站等)有反应(如抬头张望、走向窗口等)。 1 2 3 4 5 6

49. 可以被哄着不去做禁止的活动。 1 2 3 4 5 6

50. 吃饭慢且安静。 1 2 3 4 5 6

51. 早上被唤醒时很愉快。 1 2 3 4 5 6

52. 很愿意自己离开家去参加晚会或聚会。 1 2 3 4 5 6

53. 能持续执行计划(如手工、绘画等)一小时以上。 1 2 3 4 5 6

54. 玩耍或参加集体活动后能按时回家。 1 2 3 4 5 6

55. 在家不愿与新客人见面(如保持距离、不说话等)。 1 2 3 4 5 6

56. 喜欢对烹调及烟味发表议论。 1 2 3 4 5 6

57. 发怒时制造噪声(如使劲关门、猛击物品、大叫大喊等)。 1 2 3 4 5 6

58. 在一周内就对喂养宠物、养花失去兴趣。 1 2 3 4 5 6

59. 对玩具发脾气。 1 2 3 4 5 6

60. 对课外活动(如体育运动等)的态度每周都在变化。 1 2 3 4 5 6

61. 对吃饭时间的改变难以适应(如抱怨、不能等待、不饿等)。 1 2 3 4 5 6

62. 与父母谈话时到处跳跃或摇晃身子。 1 2 3 4 5 6

63. 第一次玩新游戏或玩具时,不愿进行尝试(等待 5 分钟或更长时间)。 1 2 3 4 5 6

64. 发现自己正在寻找的东西时,反应强烈(如大笑、大喊或大叫等)。 1 2 3 4 5 6

65. 对父母的不赞成意见表示反对(如皱眉、摇头等)。 1 2 3 4 5 6

66. 不能将自己的物品(如衣服、玩具、课本等)放在适当的位置。 1 2 3 4 5 6

67. 在必须静坐的场合(如乘车、课堂上等)坐立不安。 1 2 3 4 5 6

68. 做事(如绘画、做手工、做模型等)总留尾巴。 1 2 3 4 5 6

69. 当读书或看杂志时,并不留心附近旁人的谈话。 1 2 3 4 5 6

70. 当父母请求改变其活动(如玩、阅读等)时感到厌烦。 1 2 3 4 5 6

71. 当未被允许看望朋友时表示反对(如皱眉、抱怨等)。 1 2 3 4 5 6

72. 与朋友在室内一直安静地游戏(如下棋、玩纸牌、猜字谜等)。 1 2 3 4 5 6

73. 当接受新玩具或邀请参加游戏时反应轻微(如轻轻微笑等)。 1 2 3 4 5 6

74. 当听父母讲解事情时,自始至终都能注意力集中。 1 2 3 4 5 6

75. 愿意与以前不认识的同龄人交流。 1 2 3 4 5 6

76. 当手头的工作(如家庭作业、家务等)被打断后,可以接着去做。 1 2 3 4 5 6

77. 与其他孩子游戏时可以接受与自己以往习惯不同的游戏规则。 1 2 3 4 5 6

78. 不提醒也能记得做家庭作业。 1 2 3 4 5 6

79. 睡觉时心情愉快(如微笑、喜悦等)。 1 2 3 4 5 6

80. 能进行体能运动(如体操、滑冰等练习),直到完全掌握为止。 1 2 3 4 5 6

81. 在家中和初次来访的成年人一起谈笑(如微笑、大笑等)。 1 2 3 4 5 6

82. 在安静的环境学习(如做家庭作业、阅读等)时,容易被家庭噪声所分心。 1 2 3 4 5 6

83. 当旅游计划被取消或朋友离去时,很容易受到严重挫折(行为变化至少持续 2 天)。 1 2 3 4 5 6

84. 吃饭时很愉快(如微笑、兴高采烈等)。 1 2 3 4 5 6

85. 看电视或阅读时,能静静地坐着。 1 2 3 4 5 6

86. 对其他人已习惯的一种持续噪声(如警报器、气锤等)仍感到烦扰。 1 2 3 4 5 6

87. 跑着离开家或跑着进家门。 1 2 3 4 5 6

88. 不同意他的要求时反应强烈(如大喊、大叫、跺脚等)。 1 2 3 4 5 6

89. 不能够按时做事(如家庭作业、睡觉等)。 1 2 3 4 5 6

90. 在新的场合站在一边或进行观察直到自己弄明白。 1 2 3 4 5 6

91. 当情绪不佳时要休息几天。 1 2 3 4 5 6

92. 第一次到户外时就评论气温变化。 1 2 3 4 5 6

93. 当失败或失望时反应强烈(如哭闹、大声抱怨等)。 1 2 3 4 5 6

94. 观察和评论物品(如衣服、玩具、装饰等)的质地(粗糙、柔软、光滑等)。 1 2 3 4 5 6

95. 吃饭时离开或想离开饭桌。 1 2 3 4 5 6

96. 进家门时大声喊叫。 1 2 3 4 5 6

97. 即使做他喜欢的家务事,也会有头无尾。 1 2 3 4 5 6

98. 当附近有人谈话时难以入睡。 1 2 3 4 5 6

99. 当烦躁不安时,在几分钟内可被父母劝导安静下来。 1 2 3 4 5 6

100. 当您管理这个孩子或与他相处时是否有困难?请在相应的描述上画"○"。

(1)很困难 (2)困难 (3)稍有困难 (4)比较容易 (5)容易 (6)很容易

附录五　多元智能检测表

学校：　　　　　　班级：　　　　　　年级：　　　　　　性别：□男　□女

学号：　　　　　　姓名：

填答方法：如果符合自己目前的情况，在“□”里打“√”。将结果记录下来，在最后与类型对比即可。

一、语言智能检测

□1. 我的写作能力比同年龄的孩子要好。

□2. 我常讲故事给别人听。

□3. 大家都爱听我说笑话。

□4. 我很快就能记住人名、地点、日期和发生的事情。

□5. 我喜欢玩文字接龙、猜谜游戏或填字游戏。

□6. 我喜欢看书。

□7. 我不会写错字。

□8. 我喜欢绕口令、俏皮话、双关语或儿歌。

□9. 我爱听故事、相声或广播节目。

□10. 我说话所用的词语，超过同龄人。

□11. 我很会用语言与别人沟通。

□12. 我很会编故事。

□13. 我最会挑别人说话用错词语的问题。

□14. 我能说服别人同意我的想法。

二、数学逻辑智能检测

□1. 我常问一些关于程序或怎么做的问题。

□2. 我的心算能力很好。

□3. 我喜欢数学课或自然课。

□4. 我对数学游戏或电脑感兴趣。

□5. 我爱玩象棋或其他策略游戏。

□6. 我喜欢做一些逻辑推理或智力挑战的难题。

□7. 我喜欢把事物分类或分等级。

□8. 我喜欢做高难度的实验或思考复杂的过程。

□9. 我比同年龄的孩子更会抽象地思考问题。

□10. 我比同年龄的孩子更了解事物的因果关系。

□11. 我喜欢对事物提出假设,再想办法证明对不对。

三、视觉空间智能检测

□1. 我可以在脑子里产生像照片一样清楚的图像。

□2. 我喜欢看有图画的书。

□3. 我喜欢图画、劳作或雕塑。

□4. 在美术的学习上,我比同年龄的孩子表现得要好。

□5. 我爱看电影。

□6. 我喜欢玩拼图、走迷宫。

□7. 我爱玩积木,或有趣的立体模型。

□8. 我爱看美术作品。

□9. 我喜欢拿笔画画。

□10. 我常用照相机或录像机拍下我周围的事物。

□11. 我能在脑子里想象各种可能的新事物。

□12. 我愿意看有很多解说的材料。

□13. 我认识道路的能力很强。

□14. 我能用简单的图,说明去某一个地点要怎么走。

□15. 我能适当地搭配颜色,让它看起来好看。

四、身体运动智能检测

□1. 我能用脸部表情和身体动作代替说话,表达我的想法。

□2. 我喜欢参加或练习体育活动。

□3. 我坐不了多久,就想起来活动。

□4. 我喜欢缝纫、编织、雕刻、木工或做模型等需要动手的活动。

□5. 我喜欢拆开物品或组装物品。

□6. 学习新事物时，我常利用触摸、操作的方法。

□7. 我喜欢跳舞。

□8. 我喜欢演戏。

□9. 我的动作比同年龄的儿童更协调。

□10. 我的身体协调能力比同年龄的孩子更好。

□11. 我喜欢通过不断地练习，让自己跑得快、跳得高。

□12. 动手做能让我学得更快、更好。

□13. 我最好的想法常出现在我走路、跑步或做一些肢体活动时。

□14. 我喜欢在户外活动。

□15. 与人谈话时，我常用手势或肢体语言。

五、音乐智能检测

□1. 我能听出别人唱歌音唱得准不准。

□2. 我的歌声很好听。

□3. 如果我听一曲音乐一遍到两遍，一般能准确地唱出来。

□4. 我会弹奏一种乐器。

□5. 我参加一种音乐团体，如节奏乐、合唱团等。

□6. 我能跟着音乐拍打正确的节奏。

□7. 我喜欢听音乐。

□8. 走路的时候，脑子里自然出现某个电影里我熟悉的旋律。

□9. 我喜欢自编旋律。

□10. 我喜欢改变歌词。

□11. 我能辨别不同音乐所表达的情绪。

□12. 我经常在写作业或走路的时候，哼唱熟悉的曲子。

□13. 我对生活环境中的声音很敏感。

□14. 如果没有音乐，我的生活会很无聊。

六、人际交往智能检测

□1. 我常带一些人玩游戏。

□2.我喜欢和别人一起运动,如打篮球、打羽毛球、踢足球等。

□3.我会给遇到问题的朋友提供意见。

□4.我有两三个最要好的朋友。

□5.我喜欢教别人学习新事物。

□6.我能让一群人按照我的指示去做。

□7.我能从脸部表情察觉别人是不是喜欢我。

□8.我能从声音察觉别人是不是喜欢我。

□9.我能从身体或手的动作,判断别人是不是在攻击我。

□10.我会主动找别人帮我解决问题。

□11.我会关心别人的心情好不好。

□12.当别人反对我,我会考虑他为什么会这样做。

□13.我在人群中感到很舒服。

□14.我喜欢参加单位、地区的社会活动。

□15.我愿意晚上参加聚会而不愿一个人待在家里。

七、内省智能检测

□1.我常常静下来,想一想自己所遇到的问题。

□2.我可以一个人独自玩耍或学习。

□3.我清楚地知道自己的优缺点。

□4.我喜欢独自工作,而不是与别人合作。

□5.我清楚地知道自己喜欢什么、不喜欢什么。

□6.我能察觉到自己快要发脾气了。

□7.我清楚地了解自己的兴趣和爱好。

□8.我能正确地说出自己的感觉。

□9.我不做自己完成不了的事。

□10.我按照自己的标准完成工作。

□11.我确信自己是一个有价值的人。

□12.我的个性独立、意志坚强,不依赖别人。

□13.我每天都用日记记录或静静地反省自己做过的事情。

□14.我喜欢接近大自然,不喜欢热闹的人群。

八、自然观察者智能检测

□1. 我认识的花、鸟、虫、鱼比其他同学更多。

□2. 我可以根据现在的天气情况判断过一会的天气。

□3. 我认识的动物非常多，外形差别很小的动物我也能分辨。

□4. 我喜欢到不同的自然环境中去体验、游玩。

□5. 我喜欢了解各种不同的自然现象。

□6. 我喜欢养宠物，和家里的小宠物很有感情。

□7. 我喜欢天然的没经过人为处理的物件。

□8. 我能准确地说出植物的名称、用途，并分辨出它们的形状。

□9. 我喜欢了解太空中的事情。

□10. 我喜欢体验在大自然中的感觉。

□11. 我喜欢旅游，更愿意到风景区去旅游。

□12. 我愿意看介绍世界各国风景的电视节目。

□13. 我喜欢到动物园、植物园去看动物和植物。

□14. 我喜欢接近大自然。

测试结果对照：

分别统计以上各项打"√"的题数，最后对各项分数进行统计，每项得分越高，该项智能倾向就越明显，看排序在前 3～5 项的是哪几种智能，在哪几方面就越有先天优势。以上八项依次代表了霍华德·加德纳(Howard Gardner)提出的八大智能，分析如下：

一、语言智能

语言智能是指人们对于语言文字的掌握、运用、表现能力。这种智能在作家、演说家、记者、编辑、节目主持人、播音员、律师等职业上有更加突出的表现。

二、数学逻辑智能

数学逻辑智能是指数学思维和逻辑推理、科学分析的能力。这种智能在警察、工程师、科研工作者等职业上都有出色的表现。

三、视觉空间智能

视觉空间智能指强调人对色彩、线条、形状、形式、空间及它们之间关系的敏感性，能准确地感觉视觉空间，并把所知觉到的表现出来。水手、工程师、外科医生、雕刻家、画家等都是具有高度发达的空间智能的例子。

四、身体运动智能

身体运动智能指善于运用整个身体来表达想法和感觉，以及运用双手灵巧地生产或改造事物的能力。舞蹈家、体育运动员、外科医生、手工艺大师在这方面有突出的表现。

五、音乐智能

音乐智能主要是指人具有敏感地感知音调、旋律、节奏和音色等能力，表现为个人对音乐节奏、音调、音色和旋律的敏感以及通过作曲、演奏和歌唱等表达音乐的能力。作曲家、指挥家、歌唱家、乐师、乐器制作者、音乐评论家、音乐人等通常在这方面有比较突出的表现。

六、人际交往智能

人际交往智能指能够有效地理解他人以及与他人交往能力。教育家、心理医生、政治家、推销员、经纪人等通常在这方面有比较突出的表现。

七、内省智能

内省智能是一种深入自己内心世界、了解自己的感情生活、辨别自己的情绪变化、体验自己精神活动的能力，即建立准确而又真实的自我模式，并在实际生活中有效地运用这一模式的能力。一般来说，政治家、文学家、哲学家、心理学家、音乐家都是便于显现自我认知智能的人。

八、自然观察者智能

自然观察者智能指能认识植物、动物和其他自然环境（如云和石头）的能力。这类人在打猎、耕作、生物科学上的表现较为突出。

参考文献

[1] 雅斯贝尔斯. 什么是教育[M]. 邹进，译. 北京：生活·读书·新知三联书店，1991.
[2] 桑格利. 当代家庭社会学[M]. 房萱，译. 天津：天津人民出版社，2012.
[3] 彼得森. 打开积极心理学之门[M]. 侯玉波，等译. 北京：机械工业出版社，2013.
[4] 鲍迈斯特，蒂尔尼. 意志力[M]. 丁丹，译. 北京：中信出版社，2012.
[5] 法伯，玛兹丽施. 如何说孩子才会听怎么听孩子才肯说[M]. 安燕玲，译. 北京：中央编译出版社，2007.
[6] 尼尔森. 正面管教[M]. 玉冰，译. 北京：京华出版社，2009.
[7] 伯克. 毕生发展心理学——从 0 岁到青少年[M]. 陈会昌，等译. 北京：中国人民大学出版社，2014.
[8] 戈登. 父母效能训练[M]. 琼林，译. 北京：中国发展出版社，2015.
[9] 班杜拉. 思想与行动的社会基础：社会认知论[M]. 胡谊，林颖，等译. 上海：华东师范大学出版社，2018.
[10] 萨斯金德. 父母的语言[M]. 任忆，译. 北京：机械工业出版社，2021.
[11] 杜威. 民主主义与教育[M]. 王承绪，译. 北京：人民教育出版社，2001.
[12] 赫茨伯格. 赫茨伯格的双因素理论[M]. 张湛，译. 北京：中国人民大学出版社，2009.
[13] 科尔伯格. 道德发展心理学：道德阶段的本质与确证[M]. 郭本禹，等译. 上海：华东师范大学出版社，2004.
[14] 塞利格曼. 持续的幸福[M]. 赵昱鲲，译. 杭州：浙江人民出版社，2012.
[15] 怀特海. 教育的目的[M]. 庄莲平，王立中，译. 上海：文汇出版社，2012.
[16] 刘易斯. 榜样：青少年品格塑造指南[M]. 王建中，等译. 西安：陕西师范大学出版社，2010.

[17] 蔡方鹿.朱熹与中国文化[M].贵阳:贵州人民出版社,2000.
[18] 蔡岳建.家庭教育引论[M].合肥:安徽教育出版社,2010.
[19] 曾国藩.曾国藩全集·家书一[M].长沙:岳麓书社，1985.
[20] 陈鹤琴.家庭教育[M].2版.上海:华东师范大学出版社,2013.
[21] 陈瑛.中国古代道德生活史[M].北京:中国社会科学出版社，2012.
[22] 陈佑兰.家庭教育[M].北京:北京大学出版社,1990.
[23] 董宝良.陶行知教育学说[M].武汉:湖北教育出版社,1993.
[24] 顾明远.教育大辞典(1)[M].上海:上海教育出版社,1991.
[25] 郭成.心理学经典理论应用书系:健康心理学[M].杭州:浙江教育出版社,2016.
[26] 何国华.陶行知教育学[M].广州:广东高等教育出版社,2002.
[27] 黄济.教育哲学通论[M].北京:北京师范大学出版社,2008.
[28] 黄仁贤.中国教育史[M].福州:福建人民出版社,2003.
[29] 教育部课题组.深入学习习近平关于教育的重要论述[M].北京:人民出版社,2019.
[30] 李祖超.教育激励论[M].北京:中国社会科学出版社,2008.
[31] 梁启超.梁启超家书[M].北京:中国言实出版社,2017.
[32] 林崇德.发展心理学书[M].北京:人民教育出版社,2019.
[33] 刘保中.家庭教育投入:期望、投资与参与书[M].北京:社会科学文献出版社,2021.
[34] 刘铁芳.古典传统的回归与教养性教育的重建书[M].北京:北京师范大学出版社,2010.
[35] 鲁洁.道德教育的当代理论与实践书[M].北京:人民出版社,2006
[36] 罗国杰.中国伦理思想史书[M].北京:中国人民大学出版社,2008.
[37] 马镛.中国家庭教育史[M].长沙:湖南教育出版社,1997.
[38] 缪建东.家庭教育社会学[M].南京:南京师范大学出版社,2001.
[39] 彭立荣.家庭教育学[M].南京:江苏教育出版社,1993.
[40] 沈德立.非智力因素与人才培养[M].北京:教育科学出版社,2001.
[41] 舒志定.理解教育——基于生活的立场[M].杭州:浙江教育出版社,2009.

[42] 孙云晓.习惯决定孩子一生[M].北京:北京师范大学出版社,2013.
[43] 檀传宝.信仰教育与道德教育[M].北京:教育科学出版社,1999.
[44] 陶行知.中国教育改造[M].北京:商务印书馆,2014.
[45] 王坚红.学前儿童发展与教育科学研究方法[M].北京:人民教育出版社,1992.
[46] 王俏华.榜样教育概论[M].北京:北京大学出版社,2014.
[47] 王学范,陈劳生.古代家训精选[M].武汉:武汉出版社,1998.
[48] 王玉生.中国教育思想研究[M].北京:中国社会科学出版社,2006.
[49] 习近平.习近平谈治国理政[M].北京:外文出版社,2014.
[50] 徐寒.中华传世家训[M].北京:中国书店,2010.
[51] 颜震华,王绍海.教育激励的理论与实践[M].长春:吉林大学出版社,1992.
[52] 杨茂义,杨琳,张靖华.中国古代家庭教育简论[M].北京:北京理工大学出版社,2009.
[53] 叶澜.教育学原理[M].北京:人民教育出版社,2007.
[54] 张春兴.教育心理学[M].杭州:浙江教育出版社, 1998.
[55] 张清明,何孔顺.理想教育与理想实践[M].成都:四川大学出版社,2005.
[56] 张锡生.中华传统道德修养概论[M].南京:南京大学出版社,1998.
[57] 张志勇.情感教育论[M].北京:北京师范大学出版社,1993.
[58] 赵纪兴,张春燕.赏识与激励[M].上海:同济大学出版社,2017.
[59] 赵坤.中华优秀传统文化当代价值[M].桂林:广西师范大学出版社,2019.
[60] 赵忠心.家庭教育学[M].北京:人民教育出版社,2001.
[61] 郑永廷.人的现代化教育原理[M].北京:教育科学出版社,2003.
[62] 周杰.反思与重构:走向倾听教学[M].北京:中国科学出版社,2019.
[63] 朱贻庭.中国传统伦理思想史[M].上海:华东师范大学出版社,2009.
[64] 朱永新.沟通与融合:中国近现代教育思想史[M].北京:人民教育出版社,2004.
[65] 朱智贤.儿童心理学[M].北京:人民教育出版社,2009.
[66] 蔡迎旗,张春艳.澳大利亚积极教养项目运行模式及启示[J].外国教育研究,2020,47(12):82-97.

[67] 陈赛金. 青少年偶像崇拜文化的变迁与引导[J]. 思想理论教育,2020(9):97-102.
[68] 陈万柏,何英. 对青少年榜样教育效应弱化的思考[J]. 思想政治教育研究,2010(2):13-15.
[69] 储朝晖. 家校社协同育人实施策略[J]. 人民教育,2021(8):33-36.
[70] 戴锐. 榜样教育的有效性与科学化[J]. 教育研究,2002(8):17-22.
[71] 戴西超. 行动力影响因素的路径分析[J]. 管理研究,2018(8):64-67.
[72] 方晓义. 家庭与儿童发展:一个充满生命力的研究领域[J]. 心理科学进展,2005,13(3):257-259.
[73] 盖笑松,王海英. 我国亲职教育的发展状况与推进策略[J]. 东北师大学报,2006(6):154-158.
[74] 高书国. 覆盖城乡的家庭教育指导服务体系构建策略[J]. 教育研究,2021,42(1):1-22.
[75] 高书国. 中国家庭教育研究的理论缺失与自信重构[J]. 教育发展研究,2020,9(2):9-17.
[76] 胡玲. 马克思主义幸福观的当代启示[J]. 人民论坛,2019(33):102-103.
[77] 黄蓉生,丁玉峰. 习近平红色文化论述的思想政治教育价值探析[J]. 思想教育研究,2018(9):3-8.
[78] 黄世虎,张子悦. 新时代青年爱国主义教育:逻辑、原则与路径[J]. 中国青年研究,2019(5):24-29.
[79] 蒋梅芳. 陶行知生活教育理论对当前家庭教育的启示[J]. 宁波教育学院学报,2012(3):85-87.
[80] 鞠艳. 榜样的力量:班杜拉观察学习的研究[J]. 基础教育,2008(9):60-63.
[81] 李海云,刘文艺. 我国家庭教育指导研究的回顾与展望[J]. 教育理论与实践,2018,38(31):34-38.
[82] 李洪曾. 近年我国学前家庭教育的指导与研究[J]. 学前教育研究,2004(6):10-13.
[83] 李会松. 道德教育榜样观的反思与重构[J]. 教育科学研究,2006(1):46-49.
[84] 李佳丽. 养育差异还是养育陷阱?——家庭教养方式对学生发展的异质性影

响研究[J]. 中国青年研究,2020(9):68-75.
[85] 李敏,梅文润. 习近平奋斗幸福观:科学内涵·时代之问·现实启示[J]. 中学政治教学参考,2020(33):5-7.
[86] 李姝. 以优秀家风家训引领风气之先[J]. 人民论坛,2019(7):136-137.
[87] 李婷,张又文,李玥漪,等. 坚毅力的代际传递:父母教养方式的中介作用[J]. 心理发展与教育,2022(2):207-215.
[88] 梁丽婵,边昊天,罗良. 我国家庭教育指导服务督导评估的现状、关键问题和实施建议[J]. 中国电化教育,2022(5):19-25.
[89] 廖文胜,苏谦. 以学生为本的家长沙龙:提升家庭教育能力的实践[J]. 中国教育学刊,2021(S1): 113-114,155.
[90] 刘精明. 儿童情绪与社会性发展[J]. 中国青年社会科学,2022(2):77.
[91] 刘铁芳,于宗助. 家庭教育的基础性:呵护儿童生命的自然与自由[J]. 教育发展研究,2022,42(20):21-25.
[92] 刘晓巍,赵菲. 从父母权利到教育能力:家庭教育立法之基[J]. 中国教育学刊,2021(8):20-25.
[93] 孟建伟. 教育与生活——关于教育回归生活的哲学思考[J]. 教育研究,2012(3):12-17.
[94] 孟建伟. 教育与幸福:关于幸福教育的哲学思考[J]. 教育研究,2010(2):28-33.
[95] 孟筱. 回归教育的初心与起点——论杜威"教育即生长"理论内涵的当代启示[J]. 宁夏社会科学,2018(2):130-135.
[96] 祁占勇,余瑶瑶,杜越,等. 论家庭教育指导服务支持体系的供给主体及其行为选择[J]. 中国教育学刊,2021(6):33-38.
[97] 沈建华. 传统文化视角下青少年道德教育的活化和链接[J]. 教育研究,2015(11): 25-29,48.
[98] 沈建平,韩似萍. 学校对现代家庭教育指导模式的研究[J]. 上海教育科研,2004(3):60-61.
[99] 石中英. 论教育实践的逻辑[J]. 教育研究,2006(1):3-9.
[100] 孙冲亚,何祥林. 习近平幸福观的理论意蕴、理论品格和实践路径研究[J].

思想教育研究,2019(11):8-13.

[101] 孙云晓,宿金金.新时代培养青少年奋斗精神的三个关键词:志向、习惯、榜样[J].人民教育,2019(8):34-37.

[102] 孙智昌.论学生的实践能力及其培养[J].教育研究,2016(2):110-118.

[103] 王炳仁.诸葛亮的立志思想及意义[J].教育研究,1998(6):70-74.

[104] 王春超,林俊杰.父母陪伴与儿童的人力资本发展[J].教育研究,2021(1):104-128.

[105] 王建平,杨秀平.教育的原点:生活——一种基于陶行知生活教育理论的解读[J].宁夏社会科学,2010(5):132-137.

[106] 王利平.如何培养行动力:杜威论现代教育的双重危机[J].北京大学教育评论,2018(1):85-98.

[107] 王玥.培养家国情怀的现实逻辑[J].人民论坛,2018(9):106-107.

[108] 吴重涵,张俊,刘莎莎.现代家庭教育:原型与变迁[J].教育研究.2022(8):54-66.

[109] 夏江敬,汪勤.浅析优良家风家训中思想政治教育的意蕴[J].理论月刊,2017(11):127-131.

[110] 谢青松,赵娟.中国传统家风家教的传承与核心思想[J].学术探索,2017(6):114-120.

[111] 杨菊华,刘轶锋.论新时代优良家风的历史溯源与主要意涵[J].中国特色社会主义研究,2019(2):67-74.

[112] 杨菊华.新时代家庭面临的新问题及未来研究方向[J].妇女研究论丛,2018(6):9-12.

[113] 杨雄.上海家庭教育的新变化与新挑战[J].当代青年研究,2015(5):5-12.

[114] 余维武.价值多元社会榜样教育的新途径[J].思想理论教育,2006(10):46-49.

[115] 张文新,林崇德.青少年的自尊与父母教养方式的关系——不同群体间的一致性与差异性[J].心理科学,1998,21(6):489-493.

[116] 张笑予,祁占勇,穆敏娟.新时代家长学校治理的价值意蕴与实践逻辑[J].当代教育科学,2021(10):58-67.

[117] 张阳.中华优秀传统文化的当代教育价值及其实现[J].思想政治教育研究,2015(3):112-114.

[118] 张志勇,刘利民.确立父母家庭教育的职业角色——家庭教育促进法立法的重大意义[J].人民教育,2021(22):35-38.

[119] 周芳,任怡.论习近平新时代青年奋斗观的基本要义、特征及价值[J].思想理论教育导刊,2020(9):84-88.

[120] 朱宁波,袁媛.青少年道德榜样教育现状的调查研究[J].教育科学,2013(5):64-69.

[121] 邹章华.美好生活:儒家传统幸福伦理思想与马克思主义幸福观的合构[J].理论导刊,2021(22):108-115.

[122] 习近平在中共中央政治局第十四次集体学习时强调加强对五四运动和五四精神的研究激励广大青年为民族复兴不懈奋斗[N].人民日报,2019-04-21(01).

[123] 习近平寄语全国各族少年儿童:美好的生活属于你们 美丽的中国梦属于你们[N].人民日报,2015-06-02(01).

[124] 习近平.在纪念红军长征胜利80周年大会上的讲话[N].人民日报,2016-10-22(02).

[125] 习近平.在会见第一届全国文明家庭代表时的讲话[N].人民日报,2016-12-12.

[126] 习近平.在会见第一届全国文明家庭代表时的讲话[N].人民日报,2016-12-16(02).

[127] 习近平.在2018年春节团拜会上的讲话[N].人民日报,2018-02-15(02).

[128] 习近平.在十三届全国人大一次会议闭幕会上的讲话[N].人民日报,2018-03-21(07).

[129] 习近平.在北京大学师生座谈会上的讲话[N].人民日报,2018-05-03(02).

[130] 习近平.在同团中央新一届领导班子成员集体谈话[N].人民日报,2018-07-03(01).

[131] 习近平.坚持中国特色社会主义教育发展道路 培养德智体美劳全面发展的社会主义建设者和接班人[N].人民日报,2018-09-11(01).

[132] 习近平. 在纪念五四运动100周年大会上的讲话[N]. 人民日报,2019-05-01(02).

[133] 陈苏珍. 以红色家风涵育时代新人[N]. 中国教育报,2019-5-23(05).

[134] 宇文利. 新时代中国青年应永怀初心砥砺前行[N]. 光明日报,2019-06-04(02).

[135] BERK L E. Development through the lifespan[M]. London:Pearson,2013.

[136] BERRY B M. A history of the sociology of childhood[M]. London:Institute of Education Press,2013.

[137] SWICK K. Strengthening homeless parents with young children through meaningful parent education and support[J]. Early Childhood Education Journal, 2009,36(4):327-332.

[138] CHAO R K. Beyond parental control and authoritarian parenting style: understanding chinese parenting through the cultural notion of training[J]. Child Development, 1994(4): 1111-1119.

[139] SPERA C. Adolescents' perceptions of parental goals, practices, and styles in relation to their motivation and achievement[J]. The Journal of Early Adolescence, 2006(4): 456-490.

[140] WANG H, CAI T. Parental involvement, adolescents' self-determined learning and academic achievement in urban China[J]. International Journal of Psychology, 2017(1): 58-66.

[141] DAMIAN R I, SU R, SHANAHAN M, et al. Can personality traits and intelligence compensate for background disadvantage? predicting status attainment in adulthood[J]. Journal of Personality and Social Psychology, 2015(3): 473-489.

[142] STEINBERG L, MORRIS A S. Adolescent development[J]. Annual Review of Psychology, 2001: 52.

[143] KELLEY M F. Chinese parenting styles and children's self-regulated learning[J]. Journal of Research in Childhood Education, 2003(3): 227-238.

[144] PINQUART M. Associations of parenting styles and dimensions with academic achievement in children and adolescents: a meta-analysis[J]. Educational Psychology Review, 2016(3): 475-493.

[145] GIDDENS A. Runaway world:how globalization is reshaping our lives[M]. New York:Routledge,2000.

[146] CHRISTENSEN P, JAMES A. Researching children childhood: cultures of communication[M]. London: Falmer Press, 2000.

[147] PIAGET J. Six psychological studies[M]. New York: Vintage,1968.

[148] ARIÈS P. Centuries of childhood[M]. New York: Vintage, 1962.

[149] CHOI S, MURPHEY K A. Education fever: society, politics, and the pursuit of schooling in south Korea[J]. Journal of Asian Studies,2003,62(2):645-645.

[150] MCDONALD A, BLANKEMEYER M, PASSMARK L I. Parent education home visitation program: adolescent and nonadolescent mother comparison after six months of intervention[J]. Infant Mental Health Journal,1998,19(2):111.

[151] LODDER A. Evaluating the effectiveness and cost effectiveness of the "strengthening families strengthening communities"group-based parenting programme: study protocol and initial insights[J]. BMC Public Health, 2021(21):1887.

[152] BERTELSEN B. Parent education beyond learning: an ethnographic exploration of a multi-family program for families in post-divorce conflict [J]. Australian and New Zealand Journal of Family Therapy,2021,43(3): 292-308.